KB117933

그들은 어떻게 세상의 중심이 되었는가

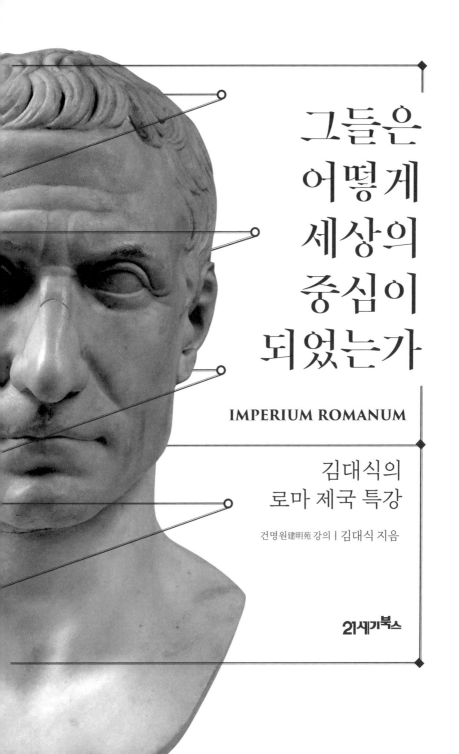

그들은
어떻게
세상의
중심이
되었는가

IMPERIUM ROMANUM

김대식의
로마 제국 특강

건명원建明苑 강의 | 김대식 지음

21세기북스

그들은 어떻게 세상의 중심이 되었는가

유럽과 지중해 주변 모든 영토를 수백 년간 통치하던 로마. 캘리포니아와 텍사스를 포함한 중남미 대륙을 소유하던 스페인. 해가 지지 않는다던 대영제국. 제국을 다스려본 나라에서 산다는 것은 어떤 느낌일까? 나에게는 편하고 익숙한 모국어이지만 다른 누구에게는 외국어인 영어로 상대와 협상을 하고 대화를 나눈다는 사실이 얼마나 신나는 일일까?

제국은커녕 언제나 외부의 침략을 걱정하며 살아야 했던 우리로서는 이해하기 어렵겠다. 그렇다면 질문해볼 수 있다. 30만 년 전 벌거벗은 원숭이로 동아프리카 초원에 등장한 호모 사피엔스. 동일한 유전적 조건을 갖고 있었던 인류 중 왜 그들만 세상의 중심이 되었을까?

셰익스피어는 인생은 연극이고, 세상은 무대라고 말한 바 있다. 그런데 '세상'이라는 연극 무대에서 주연과 조연은 왜 언제나 미리

정해져 있는 것 같을까? 진화론 없이 생물학적 '의미'의 의미를 이해할 수 없듯, 역사 없이 오늘과 미래를 이해할 수는 없다. 우리의 미래 그리고 앞으로 세상의 중심이 될 자들을 이해하기 위해 세상의 중심이었던 과거의 제국을 이해해야 하는 이유다.

모든 길은 로마로 가고, 서양 문명의 대부분은 로마 제국에 대한 '각주'일 뿐이기에, 이 책 역시 로마 제국의 흥망사를 소개할 것이다. 하지만 로마 제국은 하늘에서 떨어지지 않았다. 인류 문명이 시작된 '레반트'라는 거인의 어깨에 가장 확실히 앉았기에 로마는 성공할 수 있었다는 말이다.

영원한 제국은 불가능하고, 모든 제국은 언젠가는 과거의 제국일 수밖에 없다. 그런데 신기한 것이 하나 있다. 제국은 사라지지만 제국을 경험한 자들은 제국의 '달콤한' 기억에서 깨어나기를 거부한다는 점이다. 제국의 과거는 변하지 않는 기억의 제국이 되고, 망상으로만 존재하는 과거의 제국은 현재에 대한 오만과 착각의 원인이 된다.

***

깊은 숲은 도시가 되고, 정글은 정원이 된다. 하지만 아무 노력 없이, 자동으로 되는 것은 절대 아니다. 피눈물 나는 노력이 있었기에 정글이 정원으로 탈바꿈할 수 있었다. 그리고 중요한 것이 하나 더 있다. 정원은 끊임없이 보살피고 가꿔야만 정원으로 살아남는다. 다시 잡초가 자라기 시작한, 손길을 타지 못한 모든 정원은 언젠가 다시 정글로 되돌아가고 만다.

미국 정치학자 로버트 케건Robert Kegan은 최근 『정글이 다시 자란다 The Jungle Grows Back』라는 책에서 현대 민주주의를 잘 정돈된 정원에 비교한다. 민주주의는 오랜 역사를 자랑하지도, 당연하지도 않다. 호모 사피엔스의 30만 년 역사 중 민주주의적 공동체는 고작 수십, 수백 년 동안 유지되었으니 말이다. 더구나 민주주의는 인간의 본능과는 도저히 어울리지 않는다: 이기적 유전자는 나와 다른 외모, 성향, 믿음을 가진 이들을 멸종시켜야 한다고 명령하지만, 민주주의는 나와 다른 이들의 권리를 내가 함께 지켜줘야만 가능하다.

스위스 출신의 프랑스 철학자 루소Jean Jacques Rousseau는 "다시 자연으로 돌아가야 한다"고 주장했지만, 그는 자연을 몰랐다. 가장 힘센 자의 폭력과 독재가 자연이고, 허리가 부러지도록 평생 일하다 30대 중반 폭력적으로 죽는 것이 자연 속에 살던 대부분 호모 사피엔스의 삶이었다. 루소는 자연이 아닌 자연인 척을 하는 정원을 꿈꿨던 것이다.

전쟁과 가난을 경험하지 못한 지 이제 겨우 수십 년. 인류는 자신만의 민족과 인종이 위대하다고 착각하며 다시 세상을 지배할 강한 나라와 리더를 찾고 있다. 반복된 제국의 역사를 끝내려던 20세기 국제 공동체의 노력은 결국 실패로 끝나가고, 앞으로 우리는 또다시 세상의 중심이 되고 싶어 하는 국가들 간의 새로운 '제국 전쟁'을 경험하게 될 것이다.

2019년 6월
김대식

차례

2부

멸망 –
왜 위대한 로마 제국은 무너졌는가

3부

복원 -
무엇이 로마의 역사를 이어지게 하는가

4부

유산 -
누가 로마 다음의 역사를 쓸 것인가

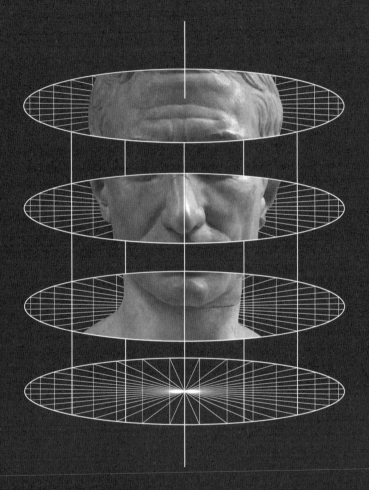

1부

기원

어떻게 로마는

세상을
정복했는가

로마는 정말 멸망한 것일까. 우리는 여전히 더 이상 보이지 않는 로마 제국에 살고 있는 것은 아닐까.

로마는 앞선 문명을 통해 역사상 가장 강력한 제국이 되었다. 그리고 수천 년이 지난 오늘날까지 유럽을 넘어 전 세계 헤게모니를 장악하고 있다.

문명이란 결코 홀로 존재할 수 없다. 로마는 먼 거울로서 지금도 우리의 나아갈 길을 비추고 있다. 이것이 우리가 지금 로마를 이야기해야 하는 이유다.

거인의

어깨 위에
올라서다

로마 역사가 남긴 메시지

왜 우리는 21세기에 살면서도 아직도 고대 로마를 이야기할까? 놀랄 만한 과학적 혁신이 벌어지고 있는 현대사회에서 굳이 고대로 거슬러 올라가는 수고를 마땅히 견디려는 이유는 무엇일까? 로마 제국의 기원과 멸망에 관한 이야기는 이제 더 이상 새로울 것이 없을까?

역사에서 유럽 역사, 그중에서도 로마 역사가 차지하는 비중은 실로 크다. 그만큼 로마에 관한 논의 또한 이미 상당 부분 진행돼온 것이 사실이다. 그러나 과연 우리는 로마 역사에 대해 모두 알고 있을까?

미래 콘텐츠 사업을 주도한다는 넷플릭스와 HBO에서 고대 로마인들은 로마식 칼인 글라디우스gladius를 휘두르며 집단 오르지orgy를 즐기는 모습으로 표현되고 있을 뿐이다. 그러나 이러한 모습이 고대 로마의 전부일까? 역사의 진실은 사실 그 너머에 있을지도 모른다.

역사는 언제나 반복된다. 아니, 어쩌면 마르크스의 말대로 처음에는 비극으로, 그리고 두 번째는 희극으로 재탕되는지도 모르겠다. 그렇다면 궁금해진다. 손바닥보다 작은 기계 하나로 이 세상 모든 정보를 받아볼 수 있는 기술을 발명한 인류는 왜 여전히 가난과 전쟁과 불평등에 시달리고 있는 걸까?

답은 어쩌면 매우 단순할 수도 있다. 30만 년 전 지구에 등장한 호모 사피엔스Homo sapiens의 뇌는 그동안 단 한 번도 본질적으로 리모델링되지 않았다. 단순히 맹수를 피하고 사냥을 하고 파트너를 차지하도록 최적화된 하드웨어를 사용해, 이제는 문명을 만들고 정치를 해야 하니 결국 같은 실수와 착각을 반복하는지도 모르겠다.

위대한 제국 로마도 결국 멸망을 피하지 못했다. 영원한 제국은 불가능할 테니 말이다. 그런데 흥미롭게도 제국을 세운 로마보다, 제국을 다시 잃은, 멸망한 로마가 오늘날 우리에게 더 많은 교훈을 줄 수 있을지도 모른다. 아니, 로마는 멸망하기를 거부했기에 어쩌면 여전히 오늘날까지 먼 거울distant mirror로서 우리의 또 다른 모습을 비추고 있는지도 모르겠다.

우선 지금 우리가 입고 있는 옷과 생활하는 공간을 한번 떠올려보자. 우리가 입고 있는 옷, 앉아 있는 책상과 의자 모두 동양의 현대화된 모습은 분명 아니다. 우리는 한복이 아닌 양복을 입고, 바닥이 아닌 의자에 앉아, 붓이 아닌 펜을 쓴다. 차를 타고 외출하고 밖에서도 인터넷을 사용해 어디에서나 소통한다.

그리고 이러한 개인의 자유는 민주주의라는 제도 속에서 보호받는다. 이상의 기술과 체제, 그리고 이에 기반한 모든 것들을 둘러보면 사실 우리 일상생활의 적어도 반 이상은 서양의 것으로 채워져 있다. 결코 좋다, 나쁘다의 차원이 아니다. 사실 그 자체다.

그렇다면 이제 질문을 해보자. 왜 지금 우리는 한복을 입고, 바닥에 앉아, 붓을 쓰고 있지 않을까? 만약 오늘날 유럽이 아닌 중국이 전 세계를 식민지화했다면, 지금 전 세계인들은 동양 의복의 현대 버전을 입고 바닥에 앉아서 붓글씨를 쓰고 있을 것이다. 플라톤과 아리스토텔레스가 아닌 공자와 노자가 현대 문명의 기둥이 되었을 것이며, 실리콘밸리는 IT 기업으로 성공한 억만장자들의 99칸 기와집들로 가득할 것이다.

혹은 732년 투르^{Tours} 전투에서 프랑크^{Franks} 메로베우스^{Merovingian} 왕조가 아닌 이슬람 우마야드^{Umayyad} 왕조가 승리를 했다면 오늘날 유럽인들은 기독교가 아닌 이슬람을 믿으며, 북유럽 깊은 산속에서 여전히 저항하는 극단 기독교 자살 테러단원들을 소탕하고 있을지도 모른다. 그렇다면 궁금해진다: 어떻게 유럽, 중국, 이슬람이라는 역사의 가장 큰 문명들 중에서 유럽이 전 세계의 헤게모니를 잡았을까?

로마가 올라탄 거인의 정체

그 답은 로마에 있다. 지금의 유럽 문화는 사실 로마 제국으로 부터 기인한다. 사실상 오늘날 유럽은 로마 제국의 지배하에 있었던 것이다. 그리고 오늘날 개개의 유럽 국가들도 사실상 로마 제국 멸망 후 그 땅에 야만족들이 들어와 설립한 나라다.

로마 제국은 남유럽 모든 영토와, 라인강 동쪽 독일을 제외한 서유럽 국가의 대부분, 발칸반도와 터키, 시리아, 요르단, 이스라엘을 포함한 중동, 그리고 이집트, 리비아, 튀니지, 알제리와 모로코로 구성된 북아프리카까지 지중해를 둘러싼 모든 영토들을 정복했다. 그래서 로마인들은 지중해를 '마레 노스트룸 mare nostrum', 즉 '우리의 바다'라고 부르지 않았던가! 결국 전 세계를, 지구를 지배하는 문명의 시작은 로마인 것이다.

이러한 로마의 영향력은 오늘날 건축에도 남아 있다. 사실 우리가 보통 근사한 것을 만든다고 했을 때 참고하는 양식 대부분은 로마의 양식이다. 프랑스 국회나 워싱턴의 링컨 메모리얼, 아르헨티나 은행, 심지어 평양의 개선문 또한 로마 신전을 본뜬 모습이다. 국내 대학에서도 이를 흉내 내 권위를 부여하려는 모습을 어렵지 않게 볼 수 있다.

그리고 거창한 것을 이야기할 때 우리는 항상 라틴어를 쓴다. 미국의 표어는 '다양한 것이 합쳐져 하나가 된다E Pluribus Unum' 는 의미의 라틴어다. 세계적인 대학들도 그들의 로고에 라틴어를 쓰고 있다. 하버드대학교는 '진실Veritas', MIT는 '머리와 손Mens

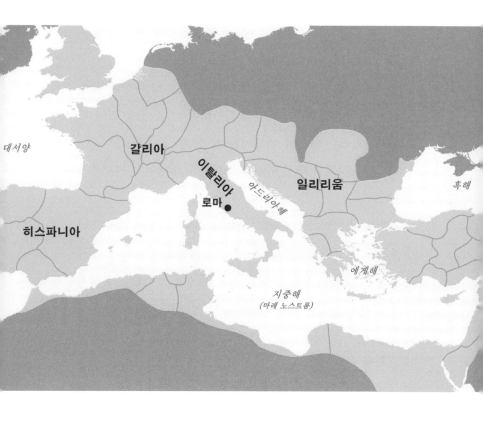

대서양

갈리아

이탈리아

로마 ●

히스파니아

일리리움

아드리아해

흑해

에게해

지중해
(마레 노스트룸)

2세기 로마 제국의 영토

Et Manus', 서울대학교는 '네 안에 있는 빛은 진실Veritas Lux Mea'이라는 의미의 라틴어를 로고에 적어두고 있다.

유일하게 예외는 스탠퍼드대학교로, '자유의 바람이 불고 있다Die Luft Der Freiheit Weht'는 의미의 독일어를 쓰고 있다. 이에 관해서는 재미있는 일화가 전해지는데, 스탠퍼드대학교는 원래 1891년 설립되었을 당시 릴런드 스탠퍼드 주니어 유니버시티였다.

릴런드 스탠퍼드Leland Stanford는 철도 건설업자이자 캘리포니아 주지사와 상원의원을 지낸 부호로, 외아들이 15세에 죽자 이를 기리기 위해 그가 다니던 하버드대학교에 돈을 기증하기로 결정한다. 그러나 비행기도 없었을 당시 기차로 어렵게 보스턴까지 간 스탠퍼드 부부의 성의를 하버드대학교가 받아주지 않았고, 이에 스탠퍼드 부부는 그들이 소유한 땅에 직접 대학교를 설립하기로 한다. 그 대학교가 바로 지금의 스탠퍼드대학교다. 이러한 이유에서인지 스탠퍼드대학교의 로고에는 콧대 높은 하버드 같은 동부 대학들이 선호하던 라틴어 대신 19세기 당시의 링구아 프랑카lingua franca인 독일어가 등장한다.

그렇다면 로마는 어떻게 오늘날의 전 유럽을 장악하고, 이처럼 고대를 넘어 현대에까지 영향력을 미치고 있는 것일까? 로마는 진정 특별했을까? 그러나 이를 위해 남아 있는 역사적 기록들을 들춰보면 더 큰 의문만 남을 뿐이다. 로마는 몇 가지 특이한 점을 제외하고 다른 국가에 비해 결코 뛰어나지 않았다.

평범했던 로마는 어떻게 세계 패권을 거머쥔 제국이 될 수 있었을까?

로마 이전에도 역사 속에는 이미 다양한 문명이 있었다. 로마는 이들 문명을 모두 파괴하고 단일한 문명을 이룩한 것이 아니다. 로마는 과거 문명의 어깨에 올라탐으로써 무한한 유산을 상속받고 이로부터 새로운 문명을 창조할 수 있었다.

"과거에 있었던 거인들의 어깨에 올라탔기 때문에 더 멀리 볼 수 있었다If I have seen further, it is by standing on the shoulders of giants."

뉴턴이 한 이야기다. 로마는 과거 문명을 통해 더 많은 것을 보고, 더 많은 것을 달성할 수 있었다. 만약 문명의 투쟁이 누가 더 키가 크냐를 두고 벌이는 싸움이라면, 다른 사람의 어깨 위에 올라탄 사람을 이길 수는 없을 것이다. 그러므로 과거 문명이라는 거인의 어깨에 올라탄 로마를 이길 자는 이 세상 어디에도 없었다. 그리고 이러한 논리는 여전히 유효하다. 그 누구도 로마 문명의 어깨 위에 올라탄 자를 아직까지는 이기지 못했다.

그렇다면 로마는 어떤 거인의 어깨에, 어떻게 올라탈 수 있었을까? 이를 위해서는 호모 사피엔스의 역사를 살펴봐야 한다. 현재 인류의 가장 오래된 직계 조상이라고 볼 수 있는 오스트랄로피테쿠스Australopithecus가 인류, 곧 '호모Homo'와 분류되기 시작한 시점을 고인류학자들은 300만 년 전이라고 추정한다.

그리고 다른 영장류들과 비슷하게, 아마도 나무와 땅을 오가며 지냈을 인류는 200만 년 전 호모 에렉투스Homo erectus의 등장을 계기로 두 발로 초원을 걸으며 생활하기 시작한다. 그런데 여기에서 궁금해진다. 맹수들이 득실거리는 초원보다 높은 나무 위가 더 안전하지 않았을까?

오늘날 대부분 원숭이들이 낮에는 땅에서 생활하지만 잠은 반드시 나무 위에서 자는 것처럼 말이다. 하지만 원숭이의 발이 손과 거의 비슷한 역할을 하는 것과 달리 인간은 발로 물건을 잡을 수 없다. 두 손, 두 발로 가지를 움켜쥐고 잘 수 있는 원숭이와는 달리 나무 위에서 잠을 자는 인간은 언제든지 떨어져 크게 다치거나 죽을 수 있다. 하지만 그렇다고 나무에서 내려와 생활하고, 사냥하고, 잠을 잔다면 그 순간 언제든지 맹수의 먹잇감이 될 수 있지 않았을까?

인류가 나무에서 내려와 땅을 정복할 수 있었던 비결은 불의 발견에 있다. 인류 역사에서 불의 발견은 가장 의미 있는 혁신이었다. 불은 추위와 맹수들로부터 인류를 보호해줬고, 불로 익힌 고기는 부드러운 고칼로리 음식으로 변해 인류의 뇌를 기하급수적으로 커지게 만들었다. 어쩌면 이브와 아담이 에덴동산에서 추방된 이유는 금지된 지혜의 사과를 맛봤기 때문이 아니라 프로메테우스Prometheus가 훔쳐다 준 불로 요리한 음식의 맛을 봤기 때문인지도 모르겠다.

에렉투스는 이후 다양한 종의 인류로 진화하는데 그중 호모 네안데르탈인Homo neanderthalensis은 40만 년 전 서유라시아로, 비슷한 시기 호모 데니소바인Homo denisova은 동유라시아로 이주해

거주하기 시작한다. 현재 인류의 조상인 호모 사피엔스는 30만 년 전 동아프리카 초원에 처음 등장한 이후 여러 번 유라시아 대륙으로 이주했다고 알려져 있다.

특히 현재 아프리카를 제외한 대부분 세계인들은 5만 년 전 마지막 아프리카를 떠난 호모 사피엔스의 직계 후손이라는 것이 최근 고인류학계의 가설이다. 유라시아 대륙에 도착한 호모 사피엔스는 이미 수십 만 년 동안 그곳에 적응하고 생존한 네안데르탈인과 데니소바인과 경쟁했어야 한다. 그리고 놀랍게도 호모 사피엔스가 유라시아 대륙에 진입한 지 2~3만 년 만에 그들은 모두 멸종한다.

그 결과 지금 전 세계의 모든 인간은 생물학적으로 동일한 종, 호모 사피엔스다. 그렇다면 네안데르탈인과 데니소바인은 왜 멸종한 것일까? 더 똑똑한 호모 사피엔스에게 사냥감과 거주지를 빼앗긴 것일까? 이를 두고 이들의 인과관계에 관한 여러 가설이 있지만, 현재는 상호관계만 짐작할 수 있을 뿐이다.

하버드대학교 교수인 인류학자 리처드 랭엄Richard Wrangham의 가설대로 호모 사피엔스는 네안데르탈인과 데니소바인과는 달리 뛰어난 언어 구상력으로 협업을 통해 더 큰 집단을 구성할 수 있었기 때문일까? 아니면 히브리대학교 교수인 역사학자 유발 하라리Yuval Harari가 주장하듯 직접 눈으로 볼 수 있는 것들만 지각할 수 있었던 다른 종과는 달리 보이지 않는 것 역시 상상하고 믿을 수 있었기에 문명과 문화를 세울 수 있었기 때문일까?

호모 사피엔스 거주지에서 발견된, 마치 요리된 듯한 네안데르탈인의 뼈를 기반으로 어쩌면 유라시아에 등장한 영리한 호모 사피엔스는 이미 그곳에 살고 있던 다른 종들의 호모들을 사냥하고 잡아먹었을지도 모른다고 짐작해볼 수 있다. 만약 그렇다면 오늘날 우리는 성공적인 식인종들의 후손인 것이다.

하지만 네안데르탈인과 데니소바인 역시 아무 흔적도 없이 사라진 것은 아니다. 호모 사피엔스, 데니소바인, 네안데르탈인 모두 오랜 기간 동안 서로 싸우고, 교류했기 때문이다. 최근 연구 결과에 따르면 현대인들은 각 1~4퍼센트의 네안데르탈인과 데니소바인의 DNA를 가지고 있고, 특히 네안데르탈인 DNA는 우울증과 니코틴 중독의 원인이라는 가설도 있다.

모든 인간은 유전적, 문화적, 언어적 친척들이다. 오래전 사라진 네안데르탈인과 데니소바인의 흔적은 오늘날 우리 내면에 고스란히 남아 있다. 단일성과 혈통이 아닌 다양성과 복합성이야말로 우리 인류의 진정한 전통인 것이다.

인류의 조상 호모 사피엔스의 문명

네안데르탈인, 데니소바인, 그리고 호모 사피엔스를 포함한 모든 인류는 그들이 탄생한 아프리카에서 전 세계로 퍼져나갈 때 하나의 보틀 넥bottle neck을 거칠 수밖에 없었다. 바로 아프리카와 유라시아 반도 사이의 시나이반도, 즉 레반트Levant다.

레반트는 아프리카에서 전 세계로 나아가기 위해서는 반드

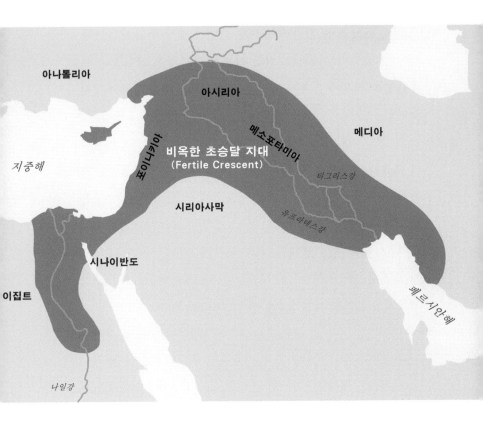

아나톨리아

아시리아

메소포타미아

메디아

포이니키아

비옥한 초승달 지대
(Fertile Crescent)

지중해

티그리스강

시리아사막

유프라테스강

시나이반도

이집트

페르시안해

나일강

레반트의 지리적 조건

시 거쳐 가야 하는 길임과 동시에, 나일강 델타Delta와 메소포타미아Mesopotamia 두 지역에서 가장 식물을 심기 좋은 땅이었다. 인류는 물이 풍족하고 흙이 비옥한 천혜의 환경 속에 정착하기 시작했고, 이곳에서 첫 번째 문명이 등장한다.

문명의 기원과 조건은 무엇일까? 정착과 협업이다. 아프리카 대륙을 떠난 호모 사피엔스가 기원전 3000년경 야생마를 가축화하기 전, 육지에서 공간을 이동할 수 있는 유일한 수단은 건강한 다리뿐이었다. 그렇다면 왜 인간은 끝없이 이동했어야 할까? 사냥과 채집 생활을 하던 고대 인류에게는 선택의 여지가 없었다. 한 지역의 모든 사냥감과 먹이를 소비한 후 새로운 정착지를 찾아야만 살아남을 수 있었기 때문이다.

인간은 사회적인 동물이다. 험악한 세상에서 홀로 살아남기에는 너무나도 나약한 호모 사피엔스. 하지만 그들은 힘을 모으면 두려울 것이 없었다. 오랜 시간 동안 맹수의 먹잇감이었던 인간이 오늘날 지구의 주인이 될 수 있었던 이유는 바로 협업할 수 있는 능력 때문이었다. 옥스퍼드대학교 교수인 문화인류학자 로빈 던바Robin Dunbar는 호모 사피엔스의 뇌가 기하급수적으로 커진 원인을 사회적 협업 때문이었다고 제시한 바 있다.

그렇다면 성공적인 협업을 위해서는 무엇이 필요할까? 우선 효율적인 소통이 필요하다. '언어'라는 인간만의 고유 소통 방법이 결국 편한 협업을 위해 진화된 도구일 수도 있다는 말이다. 하지만 소통은 협업의 필요조건이지 충분조건은 아니다. 협업은 내가 아닌 상대방을 이해하는 공감 능력 역시 함께 필요로 한다.

영희와 철수가 함께 사냥을 나간다고 상상해보자. 영희는 자신의 생각뿐만 아니라 철수의 생각 역시 이해해야 한다. 아니, 철수가 생각하는 영희의 생각도 알 수 있으면 좋고, 더 나아가 철수가 생각하는 영희가 생각하는 철수가 생각하는 영희의 생각까지 알 수 있으면 가장 좋겠다.

살아남기 위해 필요했던 협업. 인간은 협업을 위해 상대방의 생각을 읽어야 했고, 보이지도, 들리지도 않는 타인의 생각을 이해하기 위해 일어나지 않은 일들을 시뮬레이션 할 수 있는 능력을 가지게 된다. 존재하지 않는 것을 상상할 수 있는 능력. 우리는 그러한 능력을 '창의성'이라고 부르기도 한다.

그러나 창의성은 인간을 동물에서 신으로 만들어준 만큼, 큰 대가도 치르게 한다. 바로 현대인이 느끼는 '외로움'이다. 몸에 에너지가 필요하다는 신체적 신호인 '배고픔'과 같이 외로움 역시 또 하나의 신체적 경고다. 외톨이는 위험하다. 맹수들은 언제나 외톨이가 된 동물을 잡아먹으니 말이다.

하지만 무한의 상상력을 가진 현대 인간은 이제 실질적 외톨이를 넘어 자신의 생각과 상상력이 만들어낸 외로움을 더 두려워하기 시작한다. 외로움과 창의성, 두 가지는 인간의 영원한 숙제인지도 모르겠다.

상상하는 유일한 동물, 인간

터키 남부의 괴베클리 테페Göbekli Tepe는 기원전 1만 년의 문화인
데도, 신전의 역할을 했을 것으로 보이는 장소나 동물을 조각
한 기둥 등이 발견되어 상당한 충격을 줬다. 더욱 자세한 것은
DNA를 분석해봐야 알겠지만 함께 발견된 동물의 뼈나 곡식의
씨도 모두 야생의 것으로 밝혀져, 이때까지는 농사를 짓지 않았
던 것으로 보인다. 이에 따르면 인류가 농사를 짓기 전 이미 신
전이 존재했던 것이다.

보통 교과서에서는 인류 문명의 발달을 사냥이나 채집, 농
사를 통한 정착의 순으로 설명한다. 처음에는 사냥 위주로 생활
하다 우연히 농사를 짓기 시작한 후 정착해 본격적으로 농경 생
활을 하고, 이를 통해 늘어난 생산성으로 도시라는 공동체가 생
기며 계급사회와 종교가 등장했고, 이것이 예술과 문명을 가능
하게 했다는 것이다. 이에 따르면 인류 문명은 농사, 도시, 종교,
예술의 순서다.

하지만 괴베클리 테페와 같은 최근 연구 결과들은 지금까지
의 가설에 새로운 가능성을 제시한다. 인류는 도시가 생기기 전
에 종교 활동을 먼저 했고, 그전에 이미 예술을 발견했다는 것
이다. 어쩌면 인류 문명은 예술, 종교, 도시, 농사의 순서로 발전
했을 수도 있다. 또한 요르단에서는 토기가 등장하기 전 신석기
시대라는 의미의 PPNBPre-Pottery Neolithic B라는 문화들이 나오기 시
작한다. 이들의 다양한 유적 중 예리코 스컬Jericho skull은 죽은 사

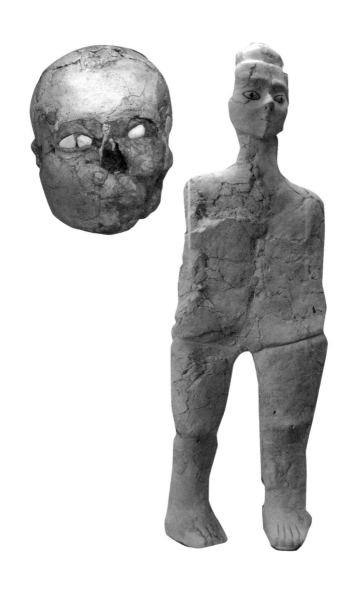

예리코 스컬과 아인 가잘 인물상

람들의 해골을 찰흙으로 덮어 인형처럼 만든 것으로, 기원전 9000년경 인류의 두개골을 확인할 수 있는 자료가 된다. 또한 기원전 7000년경 아인 가잘Ain Ghazal 지역에서 찰흙으로 빚어진 인물상들도 발견된다.

이들 모두 그릇보다 먼저 예술품이 만들어졌다는 점에서, 인류가 토기 이후에 예술품을 만들기 시작했다는 기존의 교과서적인 믿음을 재고해볼 필요성을 던져줬다. 인류가 예술품을 먼저 창조하기 시작했고 이후에 실용적인 도구를 만들었을 가능성도 적지 않은 것이다.

이는 결국 문명 발달 과정에서 필요성과 추상성의 순서를 다시 생각해보게 만든다. 인간은 추상적인 것, 어떻게 보면 실생활에 필요 없는 것을 먼저 생산하고 그 이후에 물질적인 필요성을 느낀다는 것이다.

동물들은 지금 이 순간 눈에 보이거나 과거에 직접 경험한 것을 바탕으로 판단하지만 인간은 경험하지 않았고, 경험할 수도 없는 세상을 상상할 수 있다. 어떻게 보면 '정신병'이라고도 할 수 있는 인간의 이러한 특성이 문명을 창조하는 데 큰 역할을 했다고 볼 수 있다.

야생보다 치열한 정착 생활

수십 만 년 동안 유라시아 반도를 떠돌던 인류. 사냥과 채집을 통한 그들의 삶은 위험하면서도 평등했다. 그들은 언제든지 다치거나 죽을 수 있었기에 모든 구성원들의 협업이 필요했다.

1만 년 전 인류가 정착하기 전까지 호모 사피엔스는 20~30명 정도로 구성된 작은 그룹에서 태어나고, 사랑하고, 죽었다. 어차피 모두가 너무나도 잘 알고 있는 유전적 친척 사이기에 먹잇감들은 공평하게 나눠졌겠지만, 반대로 내가 모르는 이방인은 언제나 이기적 유전자를 해칠 수 있는 위협적 존재였다.

그런데 누가 가장 먼저 생각해냈을까? 레반트 지역에 거주하던 인류는 1만~1만 5000년 전 신기한 발견을 하나 한다. 그냥 던져놓기만 해도 싹이 틀 정도로 풍성한 그곳에, 씨를 뿌리고 물과 거름을 주면 곡식을 수확할 수 있다는 사실을 말이다. 인류 역사를 바꿔놓은 파격적인 인과관계의 발견이었다. 매일 새로운 먹잇감을 찾아 헤맬 필요 없이, 씨를 뿌리고 기다렸다 수확만 하면 배부르게 먹을 수 있었다. 이제 인류는 수십 만 년 동안 반복했던 사냥과 채집을 순식간에 포기한다.

이렇게 1만 년 전 시작된 농경시대는 인류 역사에 급격한 변화를 가져다준다. 사냥, 채집과 달리 농사는 기존 20~30명을 넘는 더 많은 사람들 간의 협업을 필요로 했고, 레반트는 이러한 조건에 가장 알맞은 지역이었다. 인류 역사의 첫 마을과 도시가 레반트에서 탄생된 것은 결코 우연만은 아니었다.

이때 동물들도 자연스럽게 가축화되는데, 제일 먼저 개, 그다음 양의 순서였다. 이 중에서도 개의 가축화가 가장 먼저 진행된 것과 관련해서는 여러 가지 가설이 있다. 개의 조상격인 늘대가 종교 의식 후에 남은 음식 찌꺼기를 먹기 위해 인간을 쫓아다녔다고 보는 가설도 있고, 어린 늘대들을 인간이 데려가 키우기 시작했다는 가설도 있다.

또한 최신 논문에서는 다양한 실험을 통해 두 가지 설을 모두 부정하고 유전적인 이유로 이를 설명하기도 한다. 늘대가 개의 조상이라고는 하지만 늘대의 가축화가 여전히 불가능한 것처럼 사실상 개와 늘대는 다르다는 이야기다. 즉 개가 늘대의 후손이기는 하지만 평범한 늘대가 아닌, 유전적 병이 있는 특별한 늘대의 후손이라 보는 것이다.

그리고 검증을 위해 DNA 분석을 통한 유전적인 차이 또한 분석한다. 윌리엄 증후군$^{William syndrome}$이라는 유전병이 그것인데, 윌리엄 증후군은 사회성이 떨어지는 자폐증과 달리 과도한 사회성을 특징으로 한다. 즉 가축화된 개들은 유전적인 변화, 즉 윌리엄 증후군을 가진 늘대들의 후손이라는 것이다.

동물의 가축화와 관련해서 주목할 가장 중요한 점은 소, 양, 돼지를 가축화하는 문명과 말을 가축화하는 문명 사이의 현격한 차이다. 전자의 문명이 정착 생활을 하게 된 것과 달리 후자의 문명은 정복 생활을 이어나가게 된다.

말은 구강 구조상 풀을 먹을 때 깊이 파고들어가 뿌리까지 먹기에 다시 풀이 나기까지 상당한 시간이 필요하다. 말을 가축화한 중앙아시아의 문명 등이 계속해서 이동할 수밖에 없었던 이유다. 또한 말은 빠른 추진력으로 전쟁에 적합한 이동 수단이었기에 정복 생활에도 적합했다. 그러나 소와 양은 입이 둥그렇기에 땅 위에 올라와 있는 풀만 먹을 수 있어 한곳에서 정착할 수 있었고, 이는 농경사회를 이루는 바탕이 된다.

지구를 떠돌던 과거 인류에게 '소유'는 큰 의미가 없었다. 언제든 새로운 정착지를 찾아 떠나야 했기에 몸에 지닐 수 있는 것 이상의 소유는 거추장스러울 뿐이었다. 농경사회 이전까지 인간은 누군가 내가 생활하던 땅을 빼앗더라도 큰 문제가 없었다. 그냥 새로운 땅으로 가서 살면 그뿐이었다.

그러나 농경사회가 되면서부터 인간은 땅을 포기할 수 없어진다. 모든 것이 정착되어 있으니 이를 지키기 위해 죽을 때까지 싸워야 하는 것이다. 또한 바로 소비되던 사냥감들과는 달리 먹고 남은 농작물은 저장이 가능하다. 아니, 미래를 위해 반드시 저장하고 보호해야 한다. 타고난 능력에 따라 개개인의 생산성은 다를 수밖에 없고, 이로 인해 부모가 자식에게 물려줄 수 있는 여분의 곡식과 가축에도 차이가 생길 수밖에 없게 된다.

결국 인류는 더욱 소유에 집착하게 되고, 이를 지키기 위해 성벽을 짓고, 규모를 점차 확장하며 각자 맡은 바 역할을 나누게 된다. 이렇게 농경사회는 자연스럽게 계급사회의 모습을 갖춰가게 된다. 인류는 이처럼 정착과 함께 급격한 불평등을 경험하기 시작한다.

이와 관련해 유발 하라리는 농경학이 인류 역사에 가장 큰 비극이라고 이야기한다. 수렵 생활을 할 때 인간은 필요한 만큼 일하고 나머지 시간은 여가를 즐길 수 있었지만 농경사회로 접어들면서 인간은 생산을 위해 더 많은 일을 할 수밖에 없게 되었다. 과거에는 소위 '워라밸work and life balance'이 훨씬 더 좋았던 것이다. 지금도 아프리카, 호주 등 농경 전 사회에 사는 대부분의 유목민들은 시간적으로 여유롭다.

인간 위의 신, 인간 사이의 계층

이제 인류는 계급사회로 접어든다. 기원전 7000년경 터키의 차탈후유크Çatalhöyük는 도시의 모습을 띄고 있으나 이전 시대의 종교와 사회 구조를 마지막으로 간직한 곳이라고 여겨진다. 아주 큰 규모의 도시이고 농경 생활을 했음에도 성벽이 없는 것으로 보아 큰 전쟁을 치러본 경험이 없는 것으로 보인다. 또한 종교의식에 등장하는 신들도 모두 여신들로, 새로운 것을 생산할 수 있는 여성이 숭배와 성스러움의 대상이었던 것으로 보인다.

그런데 기원전 6500~3800년경 '남성적'인 우바이드Ubaid 문화가 메소포타미아에 등장한다. 이제 인류는 자신의 영토를 지키기 위해 성벽을 만들고 전쟁을 하기 시작한다. 이제 신들도 모두 남성으로 바뀐다. 중요한 점은 성벽을 짓기 위해 수천 명의 사람을 통솔하는 하이어라키hierarchy가 이때 등장한다는 점이다. 또한 우바이드 문화에서는 이전보다 더 정교한 토기들이 등장하기 시작한다.

그리고 이를 토대로 인류 최초의 메소포타미아 문명이 탄

수메리아 쐐기문자 태블릿

생한다. 이 중에서도 특히 수메르Sumer 문명은 기원전 5000년경에 인류 역사상 첫 문자인 쐐기문자를 발명해 사용하는 등 최고의 문명을 이룩한다. 쐐기문자는 말 그대로 삼각형 모양의 끝을 가진 작은 나무 막대기를 진흙 태블릿에 눌러 새긴 글이다. 진흙은 물에 닿으면 뭉그러지지만, 불로 한번 구워지면 오랜 세월 보존이 가능하다. 전쟁과 불로 사라진 메소포타미아의 도시들에서 수많은 쐐기문자 태블릿이 발견될 수 있었던 이유다.

쐐기문자를 읽을 수 없는 입장에서는 약 5000년 된 쐐기문자 태블릿을 마치 일간지 기사 읽듯 판독하는 수메르, 아시리아Assyria, 바빌로니아Babylonia 학자들이 경이롭기만 하다. 하지만 그들이 판독한 대부분의 쐐기문자 내용 자체는 사실 지극히 지루하다. "맥주 한 통과 양 두 마리" "보리 열 묶음을 한 달 빌려줌" "성벽 수리 대가로 맥주 다섯 통 지급"….

그렇다. 약 5000년 전 문자의 발명은 아름다운 시와 깊은 철학을 남겨놓기 위해서가 아닌 회계 처리를 위해서였다. 물론 수메르인들은 머지않아 같은 문자를 사용해 이나나^{Inanna} 여신을 찬양하고 과거 영웅들의 노래를 부를 수 있다는 사실을 발견한다. 문학과 철학의 시작이었다.

그중 아마도 가장 유명한 작품은 〈길가메시〉일 것이다. 수메르 왕국 전설의 왕인 길가메시^{Gilgamesh}는 영웅 중 영웅이었다. 괴물 훔바바^{Humbaba}를 죽이고 돌아오던 중 친구 엔키두^{Enkidu}가 죽자 상심한 그는 자신도 결국 언젠가는 죽어야 한다는 걸 느끼고 영생의 비밀을 발견하려 결심한다.

그는 결국 성난 신들이 인간들을 대홍수로 없애려 할 때 방주에 동물들을 싣고 살아남은 우트나피쉬팀^{Utnapishtim}을 만나게 된다. 우트나피쉬팀은 진정한 신들로부터 인류를 보존했다는 공으로 영생을 선물받을 뿐만 아니라 먼 훗날 히브리인 이주 노동자들이 〈길가메시〉 영웅전에서 표절해간 '노아의 방주' 스토리의 주인공이 되기도 한다.

길가메시를 불쌍히 여긴 우트나피쉬팀은 영생의 약초를 선물하나, 기쁜 마음에 방심한 길가메시는 연못에서 목욕하다 뱀에게 약초를 도난당하고 만다. 영생의 비밀을 손에 잡았다 놓친 길가메시는 우트나피쉬팀에게 울며 물어본다: 이제 자신은 어떻게 살아야 하냐고? 어차피 죽어야 하는데 왜 살아야 하냐고?

4600년 전 메소포타미아인 우트나피쉬팀은 말한다: 길가메시야, 너무 슬퍼하지 말고 다시 집에 돌아가 원하는 일하며 아름다운 여자를 사랑하거라. 그리고 좋은 친구들과 종종 만나 맛있는 것 먹고 술 마시며 대화를 나누거라.

우트나피쉬팀은 아마도 말하려 하는 듯하다: 길가메시야, 인생이란 네가 삶의 의미를 추구하는 동안 흘러 없어지는 바로 그것이란다.

수메르 시대에 독립적으로 존재하던 메소포타미아의 도시국가들은 아카드Akkad 출신 사르곤Sargon(재위 BC 2333~2279) 대왕을 통해 통일된다. 사르곤은 수메르인과 아카드인들로 구성된 인류 첫 제국을 세우는데, 이에 따라 수메르어는 점차 제국의 공식 언어인 아카드어로 대체된다. 이후 사르곤의 손자 나람신Naram-sin(재위 BC 2331~2294) 왕에 의해 종교 의식들이 만들어지고 신전을 의미하는 지구라트ziggurat도 등장하는 등 거대한 발전을 이룬다.

그러나 200여 년간 메소포타미아를 지배하던 아카드 제국은 내전과 경제적 혼란에 빠져 결국 자그로스 산에서 내려온 침략자 구티족Gutian에게 정복당한다. 유목민 출신인 구티족은 다시 신-수메르 왕조의 우르Ur 왕조와 우르 제3왕조Ur III에게 패배하지만, 혼란에 빠진 메소포타미아는 셈어Semitic를 사용하는 북아시리아와 역시 셈족 아모리트Amorite 왕조 중 하나인 바빌로니아 문명으로 이어진다.

아카드 제국의 영토를 물려받은 아시리아는 레반트 영토 대

아카드의 사르곤 대왕

아카드 제국의 나람신 왕

부분을 포함한 거대한 제국을 설립하는 데 성공하고, 신-아시리아 제국의 사르곤 2세Sargon II(재위 BC 722~705), 세낙헤립, 그리고 아슈르바니팔Ashurbanipal(재위 BC 668~627) 황제는 오늘날 이란에서 이집트까지 거대한 영토를 정복하는 데 성공한다. 특히 아슈르바니팔은 당시 다른 통치자와는 달리 글을 읽고 쓸 수 있었으며, 세계 첫 도서관을 설립하기도 했다. 〈길가메시〉를 포함한 대부분의 수메르와 아카드 문학 작품들은 아슈르바니팔의 도서관 덕분에 보존되었다고 할 수 있다.

아카드 제국의 멸망 후 레반트는 북메소포타미아 아시리아 제국과 바빌로니아를 중심으로 한 남메소포타미아 도시들 간의 경쟁의 역사 속에 기록된다. 대부분 아시리아 제국이 우세했지만, 기원전 7세기 바빌로니아와 이후 페르시아 제국으로 진화할 메드인Medes 연합군은 아시리아 제국을 드디어 무너뜨리는 데 성공한다.

이렇게 시작된 신-바빌로니아 문명 유적 중 가장 유명한 것은 바빌로니아의 시문市門 중의 하나인 이슈타르 게이트Ishtar Gate다. 현재 독일의 페르가몬박물관에 일부가 복원되어 있는데, 그 발굴과 복원에 얽힌 일화가 아주 재미있다.

이를 발견한 사람은 독일 고고학자 로베르트 콜데바이Robert Koldewey로, 20세기 초에 당시 오스만Osman 제국, 지금의 이라크에서 이슈타르 게이트의 벽돌들을 발견한다. 그전까지만 해도 고대 중동 문화에 대해 유일하게 알려져 있던 것은 성경에 남아

복원된 이슈타르 게이트

있는 이야기들뿐이었다. 그러나 1914년 1차 세계대전이 벌어져 영국군이 메소포타미아에 침입했고, 이에 벽돌들을 사막에 숨겨놓을 수밖에 없게 된다.

이후 1920년에 독일로 옮겨왔으나 벽돌에는 이미 사막의 소금기 많은 바닷물이 스며들어 있었고, 이후 10여 년의 기간 동안은 벽돌의 소금기를 빼야 했다. 그러나 여기에서 끝이 아니었다. 긴 시간을 거쳐 결국 페르가몬박물관에 전시되었지만 1939년 2차 세계대전이 다시 발발하고 만다. 그렇게 이슈타르 게이트는 다시 분해되어 숨겨졌고, 2차 세계대전이 끝난 후에도 동독의 경제적 상황 탓에 다시 조립되지 못했다.

이후 몇 십 년이 지나 어렵게 전시를 시작했으나 동독의 공산주의 시스템하에 만들어진 박물관인 만큼 그 시설이 좋지 않아 현재까지도 계속 리모델링을 하고 있다.

역사의
　　주인공은

　　　　　　　언제나
　　　　　　　바뀐다

인류 역사 최초의 세계화

세계화를 문명들의 왕래로 정의한다면 인류 역사에서 세계화는 이미 기원전 15세기에 시작되었다. 그리고 그 세계화의 중심에는 이집트, 바빌로니아, 아시리아, 히타이트Hittite, 그리고 미타니Mitanni 문명이 있었다.

이집트와 히타이트는 당시 링구아 프랑카였던 쐐기문자로 서신을 주고받았고, 아시리아인들도 쐐기문자로 아카드어를 표기했다. 쐐기문자는 아카드 멸망 후에도 외교 문자로 널리 사용되었는데, 덕분에 이 시기에는 친교 관계를 맺기 위한 왕래나 무역이 활발했으며 이에 대한 기록 또한 많이 남아 있다.

기원전 15세기가 역사적으로 중요한 또 하나의 이유는 문명의 중심이 이동하기 때문이다. 5만 년 전 아프리카에서 유라시아로 진출한 호모 사피엔스는 1만 년 전 레반트에서 첫 문명을 이룩한 후 드디어 기원전 2000년경 청동기시대의 알라시아 Alashiya인 키프로스와 크레타로 진출한다.

그렇게 문명의 등불은 기원전 15세기 크레타 미노아Minoa 문명을 넘어 그리스 본토 미케네Mycene 왕족으로 넘어간다. 크레타는 레반트에서 시작된 고대 문명의 등불이 오늘날 유럽으로 연결된 지점이었다. 이러한 크레타 문명과 유럽의 관계는 그리스 로마 신화에도 전해진다. 크레타에는 오늘날 유럽의 어원이 되는 에우로파Europa라는 이름의 아주 아름다운 공주가 살았는데, 제우스가 하얀 황소로 변해 에우로파를 등에 태우고 서쪽으로 갔다고 해서 크레타인들이 크레타에서 서쪽을 모두 에우로파, 즉 유로파로 불렀다는 것이다.

이는 문명이 동쪽에서 서쪽으로 가는 것을 비유적으로 표현한 것으로 보인다. 비록 그리스 로마 신화의 진위 여부는 검증할 수 없지만 이야기의 핵심적인 축만은 확실히 있었던 듯하다.

크레타는 위치상으로는 당시 세계화의 주요 무대에서 밀려나 있었지만 이는 오히려 크레타가 세계의 새로운 중심이 되도록 이끌었다. 크레타는 무역을 통해 중동의 발달한 문화를 전수받으면서도 침략할 수 없는 위치에 있었기에 안전했다.

당시 세계화의 주요 문명들이 무역과 동시에 전쟁을 감수해야 했던 것과 대조적이다. 이는 오늘날에도 크게 다르지 않다. 오늘날 미국이 번성할 수 있었던 것 또한 유럽과 아시아의 전쟁에 뒤엉키지 않았기 때문인 것처럼 말이다.

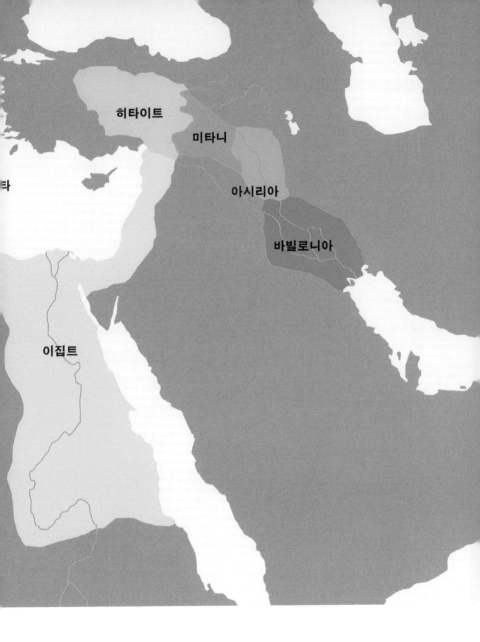

히타이트

미타니

아시리아

바빌로니아

이집트

타

기원전 15세기에 일어난 문명의 이동

상상을 초월하는 전설적인 문명들

에우로파와 제우스 사이에서 태어난 세 아들 중 큰아들 미노스 Minos는 후에 크레타의 왕이 되는데, 오늘날 크레타 문명을 미노아 문명이라고 부르는 이유를 여기에서 찾아볼 수 있다. 오늘날 남아 있는 크레타의 크노소스 Knossos에 대한 기록을 보면, 수천 개의 집들로 이루어진 대단히 큰 도시였다는 것을 알 수 있다. 특이한 것은 그럼에도 성벽이 없었다는 점이다.

성벽은 문명이 전쟁 위주였는지 아닌지를 판단할 때 중요한 기준이 되므로 고고학적으로 큰 의미를 지닌다. 또한 성벽이 없는 것뿐만 아니라 발견된 대부분 벽화들도 놀이를 표현하고 있는 것으로 보아 미노아인들이야말로 어쩌면 진정한 호모 루덴스 Homo ludens, 즉 놀이하는 인간의 삶을 살았을지도 모른다고 가설해볼 수 있겠다. 하지만 전쟁과 침략에서 해방된 인류 역사는 불가능하다. 미노아인의 평화 Pax Minoica는 사면이 바다로 둘러싸인 섬과 당시 최첨단 기술력을 자랑하는 막강한 함대가 있었기에 가능하지 않았나 싶다.

크노소스를 발굴한 사람은 영국 고고학자 아서 에반스 Arthur Evans로, 오늘날의 관점에서 보면 의문이 많이 생기는 인물이다. 자신이 알고 싶은 것을 위해서라면 이외의 것은 기록도 남기지 않고 모두 부숴버린 후 나머지는 상상으로 만들어버렸기 때문이다. 오리지널 사진에 보면 남아 있지 않은 부분이 실제로 가서 보면 콘크리트로 복원되어 있는 등, 마치 디즈니랜드와 같이

호모 루덴스의 문명, 미노아

무엇이 진짜이고 가짜인지 알 수 없을 정도다.

그리고 이러한 크레타 문명과 에게해 키클라데스 제도에서 탄생한 키클라데스Cyclades 문명의 경계점에는 고대 문명 역사에서 아주 중요한 섬이 있다. 바로 산토리니다. 정식 명칭은 테라Thera로, 현재는 아름다운 풍광으로 각광받는 관광지가 되었다. 산토리니는 원래 지금의 모습이 아니었다고 한다. 원래는 동그란 모양의 섬이었는데 기원전 1600년경에 화산 폭발로 칼데라caldera가 생겨 모두 잠겨버리고 지금의 모습이 되었다.

특히 산토리니의 아크로티리Akrotiri는 남아 있는 유일한 미노아 문명의 도시로, 플라톤이 이야기했던 아틀란티스 전설의 기원일 것이라는 설이 많다. 아틀란티스 전설에 따르면 과거에 그리스인들이 미개했을 때 그리스보다 상상을 초월할 정도로 발달한 문명이 있었으나 화산과 지진으로 하루아침에 모두 사라져버렸다고 한다. 그 시점과 문명의 발달 정도가 아크로티리와 대체적으로 일치한다. 실제로 아크로티리는 기원전 1600년경 화산 폭발로 역사 속에 묻히고 만다.

20세기 초에 발굴된 아크로티리는 거의 4000년 된 도시라는 것이 믿기지 않을 정도로 그 수준이 대단했다. 당시에 이미 3~4층짜리 건물이 있었고 도시 계획도 아주 잘 되어 있었는데, 이곳이 아틀란티스 전설의 도시라면 당시 그리스 미개인들이 봤을 때 상상을 초월하는 문명이라고 충분히 생각했을 만하다.

또한 벽화들도 낚시를 하거나 춤을 추는 장면이 그려져 있

아크로티리에 남아 있는 2층 이상의 건물들

고, 당시에는 있었을지 몰라도 현재까지 도시 전체에서 칼 한 자루 발견되지 않은 것으로 보아 상당히 평화적인 도시였을 것이라 짐작할 수 있다. 그러나 산토리니에 일어난 화산 폭발과 크레타를 덮은 20미터짜리 쓰나미로 이들 문명은 점차 쇠퇴의 길을 걷다가 기원전 1400년경이 되면 사라지고 만다. 아크로티리는 정말 아틀란티스의 전설인 것일까? 이후 크레타에는 갑자기 그리스인들이 등장하기 시작한다.

문자로 기록하고 미술로 표현하다

크노소스를 발굴한 에반스는 크레타에서 세 가지 선형 문자를 발견한다. 그리고 그중 가장 오래된 1700개의 문자 표본을 '선형/리니어 A^{Linear A}', 3만 개가량 되는 그다음 오래된 문자 표본을 '선형/리니어 B^{Linear B}'라고 지칭한다. 그리고 마지막으로 또 다른 문자 표본이 적혀 있는 디스크를 파이스토스^{Phaistos}라는 도시에서 발견한다.

그리고 이 중 리니어 B는 1952년 영국 건축가 마이클 벤틀리스^{Michael Ventris}에 의해 해독된다. 그는 일찍부터 어학에 천재적 소질을 보여 직업이 건축가임에도 상형문자 해독을 취미 생활로 할 정도였다. 그 덕분에 리니어 B는 미케네에서 그리스어를 기록하는 데 쓰인 문자라는 것이 밝혀졌고, 20세기 최고의 고고학 업적 중의 하나로 칭송되고 있다.

현재는 리니어 B의 해독으로 리니어 A 또한 읽는 것까지는

리니어 A, B의 문자 표본과 파이스토스 디스크

가능한 상태지만 그 의미는 여전히 해석할 수 없다. 오늘날 우리가 알파벳을 안다고 해도 알파벳을 사용한 다른 언어들, 예를 들어 이탈리아어의 의미를 바로 이해할 수는 없는 것과 같다. 같은 문자를 사용했어도 그 의미를 해석하는 것은 또 다른 문제이기 때문이다. 파이스토스 디스크 또한 아직까지 판독하지 못했는데, 최근에는 딥 러닝deep learning으로 이를 판독하려 했으나 워낙 표본이 부족해 어려울 것으로 보인다. 여전히 크노소스 문명의 디테일은 우리에게 미지의 세계로 남아 있다.

그렇다면 크레타에는 왜 리니어 A와 리니어 B라는 두 가지 언어가 존재했을까? 기원전 1400년경을 기점으로 그전의 것은 모두 리니어 A이고 그 후의 것은 모두 그리스어인 리니어 B인 이유는 무엇일까?

현재는 리니어 A가 본래 미노아 언어라는 가설이 폭넓게 받아들여지고 있다. 아마 1600년경 산토리니에서 일어난 화산 폭발로 경제적인 침체를 겪다가 기원전 1400년경에 그리스인들이 이곳으로 건너와 섬을 점령한 것이 아닐까 하는 것이다. 그리고 점령 후에 본래 문자가 없던 그리스인들이 크레타에 있던 문자를 사용해 그들의 언어를 표현했다면 그 이유가 어느 정도 설명되는 듯하다. 이에 따르면 기원전 1400년경을 기점으로 크레타는 문자뿐만 아니라 문명까지 그리스인들에 의해 점령되어 큰 변화가 일어난다.

2017년에는 필로스 컴배트 어게이트Pylos Combat Agate라는 고고

필로스 컴배트 어게이트

학사상 또 하나의 위대한 발견이 일어난다. 문명이 이집트 중동에서 크레타로 온 다음, 다시 그리스로 넘어갈 시기의 유적으로, 필로스는 당시 크노소스와 활발히 무역을 하고 있었다.

필로스 컴배트 어게이트는 당시의 무덤 속에서 발견된 3센티미터의 아주 작은 돌로, 처음 발굴된 것은 2015년이나 그 형체를 파악하기까지 2년여의 시간이 소요되었다. 그 결과 우리가 상상 가능한 미노아 문명 조각들의 수준을 훨씬 뛰어넘는 정교한 조각이 새겨진 것을 발견할 수 있었다. 유럽의 예술사를 새로 써야 할 정도의 수준이었다.

필로스 컴배트 어게이트가 발견되기 전까지만 해도 인간의 몸을 정교하게 표현할 수 있었던 것은 기원전 4~5세기 페르시아 전쟁 이후의 그리스 조각들부터라고 생각했다. 그런데 이 조각을 통해 지금으로부터 약 3500년 전인 기원전 15세기에도 이처럼 드라마틱한 표현이 가능했다는 것이 증명된다.

또한 당시에는 그리스보다 크레타가 훨씬 더 발달된 문명이어서 많은 것을 수입했던 만큼 이 또한 분명 크레타에서 가져온 것이라고 유추할 수 있다. 정상적인 방법으로 수입한 것인지 약탈해온 것인지는 알 수 없지만 말이다.

다만 같은 시기에도 정교함이나 예술성의 차이는 분명히 나타나며 크노소스의 발달된 크레타 문명이 점점 그리스 쪽으로 넘어오고 있다는 것만은 분명히 알 수 있다. 문명은 항상 더 발달된 곳에서 덜 발달된 곳으로 넘어올 수밖에 없기 때문이다.

최초의

세계대전이
일어나다

인류 최초의 종교 개혁

비슷한 시점에 이집트에서는 아주 재미있는 일이 하나 벌어진다. 이집트 문명의 핵심은 한마디로 다신 숭배라 표현할 수 있다. 수천 명의 신들을 섬긴다는 것이다. 그런데 기원전 14세기에 이집트의 파라오pharaoh 아메노피스 4세Amenophis IV(재위 BC 1353~1336 또는 BC 1351~1334)가 돌연 아케네텐Akhenaten으로 이름을 바꾼다. 아텐Aten이란 태양신으로, 태양신을 숭배하는 사람이라는 의미다.

그리고 곧바로 종교개혁을 시행한다. 수천 명의 신을 모두 없애고 태양신을 단일 신으로 내세운 것이다. 모든 물질은 태양의 빛이 필요하기에 모든 신은 태양신에서 나온다는 실로 혁명적인 논리였다. 이러한 단일 신 개념은 아케네텐이 처음 만든 것인 만큼, 20세기의 많은 과학자나 소설가들은 아케네텐을 주제로 많은 작품들을 만든다.

고대 이집트어로 '~의 아들'이라는 의미를 가진 '모세'를 히브리인이 아닌 이집트인이라고 생각했었던 정신분석학자 프로이트는『모세와 일신교Moses and Monotheism』에서 모세를 아케네텐으로 지칭한다.

독일 소설가 토마스 만Thomas Mann의『요셉과 그 형제들Joseph and His Brother』또한 아케네텐의 이야기를 바탕으로 한 작품이며, 이외에도 그의 이야기는 다양한 예술 작품으로도 표현된다. 뛰어난 현대음악 작곡가 필립 글래스Philip Glass가 만든 오페라 〈아크나텐Akhnaten〉 또한 이를 모티프로 한 작품이다.

아케네텐이 죽고 난 후 그를 기리던 동상뿐만 아니라 그의 이름까지 모두 기억에서 지워졌기에 그의 단일 신 사상 또한 역사 속에 묻히게 된다. 그러다 시간이 흘러 19세기 말에 가서야 단일 신이라는 개념은 역사에 다시 등장하게 된다.

새로운 전쟁 문명의 등장

기원전 15세기 문명의 세상은 이렇게 정리할 수 있다. 도시와 농업과 상업으로 붐비던 메소포타미아 문명, 오늘의 즐거움과 평화를 만끽하던 미노아 문명, 그리고 신과 죽음과 영생에 집착하던 이집트 문명.

그런데 유럽 끝자락 그리스 반도에 새로운 문명이 등장한다. 바로 미케네 문명이었다. 기원전 1600~1100년경까지의 미케네의 문명은 한마디로 전쟁 문명이었다. 이때 인도 유러피언들은 그리스로 전쟁 문화와 말, 마차를 가져와 지배를 시작한다.

처음에는 그다지 성공적이지 않았다. 그러나 기원전 1600년경 산토리니의 화산 폭발 후 크레타가 무너지면서 미케네 문명은 조금씩 해상 무역을 차지하고 기원전 1400년경에는 크레타를 점령한 것으로 보인다. 유물들에도 크레타처럼 평화로운 놀이 위주의 문화가 아닌 미케네의 전쟁 위주의 문화가 담긴다.

이러한 전쟁 문화는 문학 작품에서도 상세히 묘사되고 있다. 호메로스는 『일리아스』에서 아킬레우스가 트로이 전쟁에서 '멧돼지 이빨 헬멧'을 썼다고 기록하고 있는데, 실제 미케네에서 멧돼지 30마리의 이빨을 반으로 갈라 만든 헬멧이 발견된다. 이것이 발견되기 전인 19~20세기 중반까지만 하더라도 이는 잘못 번역된 것이라 여겨졌다.

또한 호메로스는 트로이 전쟁에 나오는 군인들이 위와 아래만 둥그런 8자 모양의 방패를 가졌다고 표현했는데 이 역시 벽화에서 발견된다. 둥그런 모양의 그리스 방패나 사각형의 로마 방패와 달리, 머리와 다리를 보호하면서 중간에 창을 찌를 수 있도록 디자인된 것으로 보인다.

또한 그리스인들은 전쟁 때 마차를 사용한다. 히타이트와 이집트 또한 마차를 사용한 마차 전을 벌인다. 물론 이때는 전쟁에 활용할 만큼의 치밀한 기술은 없었기에, 마차는 전쟁 무기가 아닌 이동 수단에 불과했다. 지위가 낮은 보병들과 달리 장군이나 왕들은 마차를 타고 전쟁터까지 이동했는데, 『일리아스』에 아킬레우스가 전쟁터까지 마차를 타고 가서 내리는 장면이 묘사되기도 한다.

이에 호메로스가 『일리아스』에 묘사한 트로이 전쟁 중 일부는 역사적인 사실일 가능성이 있다고 평가받고 있다. 히타이트 문명의 한 도시였던 트로이에 당시 히타이트 문명의 실제가 담겨 있을 것이라는 추측도 전혀 근거 없는 이야기는 아닌 것이다.

당시 세계에서 아시리아, 히타이트, 이집트는 소위 '슈퍼 파워'였다. 그리스는 사실상 슈퍼 파워는 아니었지만, 뛰어난 전투력을 지닌 만큼 컨트롤이 잘 안 되는 문명이었다. 어쩌면 이들 세 문명의 입장에서 그리스는 무장 테러 집단 정도로 불편한 존재였을 것이다. 따라서 그때 일어난 습격에 관한 이야기가 트로이 전쟁의 핵심이 아닐까 하는 가설도 있다.

이러한 트로이의 고고학적인 발견은 독일 고고학자 하인리히 슐리만Heinrich Schliemann에 의해 19세기에 발표되었다. 슐리만 역시 에반스처럼 그 평가가 엇갈리는 인물로, 고고학에 관한 정규 교육을 받은 사람은 아니었다.

다만 어릴 적 아버지가 읽어준 트로이 전쟁 이야기에 매료되어 그때부터 트로이를 찾아내겠다는 결심을 하고 필요한 비용을 마련하기 위해 우선 사업가로서 성공을 한다. 그 후 그는 사업을 통한 수익으로 히사를리크Hisarllk 언덕에서 실제로 트로이를 발견한다.

그런데 여기에서 슐리만은 큰 착각을 한다. 예전 고대 도시는 도시가 단 하나만 있는 것이 아니라 수십 개가 겹쳐진 형태였다. 있다가 부숴지고 또 정복되고 새로운 민족이 차지하는 과정에서 자연스럽게 언덕 같은 형태로 자리 잡는 것이다. 레반트 지역에서 자주 볼 수 있는 이러한 인조 언덕은 '텔Tel'이라 불린다. 이스라엘 해변 도시 '텔 아이브'와 같이 말이다. 트로이 또한 현재는 아홉 개의 지층이 있었다고 알려져 있으나 슐리만은 두 번째 지층을 트로이라고 짐작해 나머지 지층의 많은 유적들을 파괴한 비판을 받고 있다.

지금도 여전히 파괴된 잔재들을 발굴하고 있지만 쉽지 않은 작업인 것만은 확실하다. 발굴의 순서가 가장 중요한 유물을 모두 뒤죽박죽 섞어버려서 연대를 추정할 수 없게 만들어놓았기 때문이다.

0차 세계대전의 발발과 전개

1914~1918년에 일어난 1차 세계대전, 1939~1945년에 일어난 2차 세계대전 이전에 이미 대규모 세계 전쟁이 있었다. 역사학자들은 이를 0차 세계대전World War Zero이라고 한다.

0차 세계대전은 기원전 1200~900년경, 300여 넌 동안 당시 세계화된 문명 모두가 싸운 전쟁이었다고 알려져 있다. 이에 대한 대부분의 기록은 이집트에 남아 있는데, 당시의 슈퍼 파워 아시리아, 히타이트가 0차 세계대전 후 점차 멸망의 길을 걸었던 것과 달리, 유일하게 이집트만 살아남았기 때문이다.

현재까지 남아 있는 당시 이집트의 문서를 보면 '바다 민족들Sea Peoples'이라는 침략자가 등장한다. 이들이 갑자기 전 세계를 돌아다니면서 세상을 뒤집고 다 부수고 죽인다는 내용이다.

이들은 누구일까? 기록에 따르면 이들은 덴옌Denyen, 에크웨쉬Ekwesh, 펠레세트Peleset, 웨쉬시Weshesh 등으로 알려져 있으나, 모두 생소한 이름들이다. 유일하게 펠레세트라는 민족은 정체가 밝혀졌는데, 이들은 바다 민족으로 싸우다 이집트에 잡혀 포로가 된 후 이집트 용병으로 일한다. 그때 펠레세트들을 정착시킨 곳이 가자Gaza이기에, 이들은 팔레스타인 사람들의 조상이 된다. 나머지 이름들도 정체를 밝히고자 계속해서 연구하고 있으나 추정만 가능할 뿐이다. 펠레세트 또한 팔레스타인 사람이라고 하지만 그들이 어디에서 왔는지는 여전히 밝혀지지 않았다. 여러 가지 추측만 이어질 뿐이다.

덴옌은 혹시 고대 그리스의 도리안Dorian 아닐까? 에크웨쉬는 호메로스가 『일리아스』에서 그리스인을 아카이안Acheans이라고 부르므로 그들이 아닐까? 그리고 히타이트인들은 미케네인들을 아히아와Ahhiyawa라고 불렀으니 이것이 웨쉬시가 아닐까 하는 가설만 고대 언어 전문가들에 의해 제기되고 있다.

다행히 바다 민족들의 침략은 메디네스 하부 람세스 3세Ramses III(재위 BC 1187~1156) 신전에 그려진 벽화에 상당히 섬세하게 표현되어 있어 각각이 어떤 민족인지 구분이 가능하다. 예를 들

바다 민족을 제압하는 람세스 3세

어 깃털 모자를 쓴 경우는 펠레세트, 뿔 달린 모자를 쓴 경우는 사비니아의 쉐르다인이다.

바다 민족들 관련 기록을 보다 보면 더욱 수상한 느낌이 든다. 대부분 그리스와 연관이 있기 때문이다. 따라서 많은 전문가들은 트로이 전쟁은 아주 작은 이야기 중의 하나일 뿐이고 이를 아우르는 더 큰 전쟁 이야기가 있을 것이라는 가설을 제기한다. 바다 민족들이 당시의 모든 문명을 무너뜨린 전쟁 이야기가 있고 트로이 전쟁도 그중의 하나이며, 이때 미케네도 전쟁에 참여하다가 또는 내전이 벌어져서 무너졌다는 것이다.

그리고 이후 기원전 1100~700년경, 지중해 문명에 중세기가 찾아온다. 언어를 표현할 수 있는 문자는 모두 사라지고 큰 규모의 도시는 다시 작은 마을로 변한다. 제국과 왕은 사라지고 폐허로 남은 도시들은 잊혀진다. 글도, 기록도 사라진 농경사회로 되돌아간 그리스 반도. 추위와 굶주림에 시달리던 그리스인들은 모닥불에 둘러앉아 과거 미케네의 위대한 역사를 이야기하기 시작했는지도 모른다. "옛날에, 옛날에⋯."

그리고 호메로스라는 이름을 가진 누군가가 그들을 위해 노래하기 시작한다: 트로이의 위대한 왕자 헥토르를 무너뜨린, 펠레우스의 아들이자 미케네 최고의 영웅 아킬레우스의 분노에 대해서 말이다.

완벽하게

순수한 것은

없다

그리스 건축의 기원

지중해 문명의 중세기에 그리스인들은 전 지중해를 돌아다니며 식민지를 만들기 시작한다. 그 역도 성립 가능하다. 그리스인들의 침략으로 지중해에는 중세기가 도래한다. 그리스인들의 약탈과 중세기 간에는 상호관계 또는 인과관계가 분명히 있다. 침략을 받은 민족과 침략한 민족 모두 반격에 반격을 더하다가 모두 멸망의 길을 걷게 되었기 때문이다. 어쩌면 『오디세이아』는 도망간 미케네인들이 고향 그리스를 그리워하는 이야기일지도 모른다.

이집트 파라오들은 용맹하기로 유명한 미케네 병사들을 이미 기원전 15세기 용병으로 활용했다. 하지만 바다 민족들과의 전쟁이 300년 넘게 이어지고, 지중해 문명의 중세기가 기원전 9~8세기에 서서히 끝나가며 그리스인들은 다시 이집트에 상인, 그리고 용병으로 정착하기 시작한다.

그리고 이때 그리스인들은 아주 중요한 장소를 하나 거치게 된다. 바로 나일강 델타다. 그리고 그곳의 도시 중 나우크라티스Naucratis는 단연 중요한 의미를 지닌다. 그리스인들은 나우크라티스에 정착한 후 이집트 문명을 받아들이기 시작한다.

그중에서도 특히 이집트 건축 양식을 받아들이는데, 오늘날 나일강 델타에 남아 있는 신전을 보면 도릭doric, 이오닉ionic, 코리티안corithian으로 구분되는 그리스 건축 양식이 어디에서부터 왔는지에 대한 단서를 얻을 수 있다. 특히 도릭 양식이 이집트로부터 전해진 것은 확실해 보인다. 도릭 양식의 경우 나우크라티스 신전을 본뜬 것이라고 현재까지 알려져 있다.

그리스 예술에 일어난 세 번의 혁신

예술 작품 또한 이집트 문명의 영향을 받는다. 그리스 조각 스타일을 시기별로 보면 언제 어떠한 영향을 받았는지 알 수 있다. 페르시아 전쟁 전의 그리스 조각 양식을 아르카익archaic이라고 하는데, 이집트 조각과 매우 유사한 모습을 보인다.

이집트 조각은 생동감 없이 딱딱한 느낌에 항상 한쪽 다리를 앞으로 지탱하고 있는 모습을 보이는데, 같은 시기의 그리스 조각 또한 이와 유사하다. 남자 조각을 쿠로스kouros, 여자 조각을 코레kore라고 하는데, 모두 이집트 양식과 같다.

특히 아르카익의 핵심인 아르카익 스마일archaic smile은 오늘날

도릭   이오닉   코린티안

이집트 사카라 사원의 입구(위)와 그리스의 건축 양식(아래)

에 봐도 상당히 부자연스럽다. 19세기 독일 아티스트들은 이에 찬사를 보내기도 했지만 또 다른 한편에서는 그냥 미소를 만드는 방법을 몰랐던 것뿐이라고 평가절하하기도 한다.

그런데 페르시아 전쟁 후 돌연 그리스 예술에 혁명적인 변화가 일어난다. 당시의 슈퍼 파워라 할 수 있는 페르시아로부터 승리를 거머쥔 후의 자신감 때문인지 이전까지만 해도 이집트나 중동 스타일을 좇던 그리스 예술에 상당한 발전이 이루어진다. 예술뿐만 아니라 연극과 철학도 탄생하는 등 그리스 문명은 이때부터 본격적으로 태동하기 시작한다.

이탈리아 리아체에 있는 청동 동상을 보면 불과 몇 년 전과는 완전히 달라진 것을 볼 수 있다. 이전에 뻣뻣하게 발 하나만 내밀고 있던 모습과 달리 역동감이 느껴지도록 살짝 무릎을 굽히는 것을 표현할 정도의 발전을 이룬 것이다.

발전은 그 이후로도 급속히 일어나, 페이디아스^{Pheidias}, 프락시텔레스^{Praxiteles} 같은 천재적인 조각가들도 등장하기 시작한다. 이는 시간이 흘러 르네상스 때 미켈란젤로에 의해 재발견되기도 한다.

그러나 그리스 문명은 여기에서 그치지 않고 또 한번 거대한 발전을 이룬다. 보통 그리스 문명을 나눌 때 페르시아 전쟁 전의 아르카익, 페르시아 전쟁 후의 클래식 그리스, 그리고 알렉산드로스^{Alexandros Ⅲ}(재위 BC 336~323) 황제 때의 헬레니즘^{helenism} 이렇게 세 가지로 나누는데, 이때의 조각들은 바로크^{baroque} 양식

아르카익 스마일

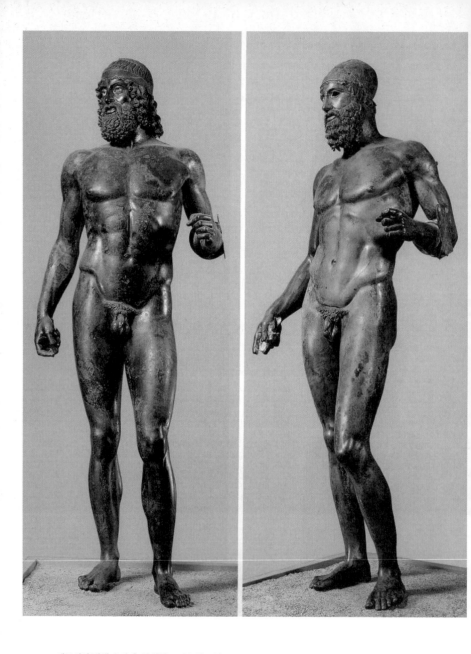

페르시아 전쟁 승리 후 클래식 그리스의 조각

과장되고 드라마틱한 헬레니즘 조각

이라고 부를 정도로 과장되고 드라마틱한 표현이 특징이다.

만약 박물관에 갔을 때 조각이 뻣뻣하고 죽어 있는 것 같다면 페르시아 전쟁 전, 가장 최고의 작품성을 가졌다면 페르시아 전쟁 후, 조금 과하다고 여겨지면 대체적으로 헬레니즘일 경우가 많다.

그레코 박트리안 문명의 도래

아리스토텔레스의 학생이었던 알렉산드로스는 그의 가르침을 통해 19세에 전 세계를 정복하겠다는 거대한 욕망을 키운다. 아버지 필리포스 2세Philippos II(재위 BC 359~336) 왕이 군사적인 시스템을 거의 다 구축했음에도 그리스 정복만을 꿈꿨던 것과 달리 그의 꿈은 원대했다.

그 결과 알렉산드로스는 당시 기준의 전 세계라 할 수 있는 그리스부터 인도, 이집트까지를 모두 정복한다. 그러나 그는 갠지스강 너머 무한으로 펼쳐진 인도 초원을 보며 눈물을 흘렸다고 한다. 억울하고 분했을 것이다. 수많은 전쟁을 통해 만신창이가 된 몸으로 오랫동안 걸어왔지만, 세상의 끝은 결국 볼 수 없었으니 말이다. 결국 인간이기에, 인간으로 죽을 수밖에 없다는 사실을 인식했기에 알렉산드로스는 눈물을 흘리지 않았을까?

그런데 알렉산드로스는 기원전 323년 돌연 33세의 나이로 바빌로니아에서 죽고 만다. 갑작스런 사망의 원인을 두고 다양한 해석이 있지만 그보다 중요한 것은 그에게 후계자가 없다는 것이었다. 지금의 아프가니스탄인 박트리아^Bactria의 공주 사이에서 낳은 아들이 한 명 있긴 했으나 당시 3세밖에 되지 않아 후계자 자리는 공석으로 남게 된다.

처음 알렉산드로스 휘하의 장군들은 알렉산드로스의 아들이 18세가 될 때까지 분할 통치를 하다가 그가 18세가 되면 제국을 돌려주자고 협상했으나 이는 당연히 이루어지지 않았다. 그들은 아들을 죽인 다음 기원전 301년까지 그리스어로 후계자라는 의미의 디아도키^Diadochi 전쟁을 치열하게 치른다.

이들 장군 중 가장 운이 좋았던 프톨레마이오스 1세^Ptolemaios I (재위 BC 305~285)는 지리적으로 멀리 떨어진 이집트를 통치하며 프톨레마이오스 왕조를 만들고, 그의 후손들은 이집트를 기원전 30년까지 통치했다. 그리고 클레오파트라는 프톨레마이오스 왕조의 마지막 여왕이 된다.

이 중에서도 박트리아는 동양 역사에서 굉장히 중요한 곳으로, 당시 상당한 문명적 발전을 자랑했다. 그러나 헬레니즘 제국의 중간 지역을 페르시아 후손들이 장악함으로써 헬레니즘 제국은 반으로 분할되고, 그 결과 박트리아인들은 그리스 쪽으로 이동할 수 없이 고립되었다. 이때 인도 문명과 결합해 새롭게 탄생시킨 문명이 바로 그레코 박트리안^Greco-Bactrian 문명이다.

그레코 박트리안 문명이 동양 역사에서 중요한 이유는 부처님 조각을 이곳에서부터 만들기 시작했기 때문이다. 그전까지만 해도 불교는 조각 없이 글을 통해 명상하는 형태였으나 박트리아에 그리스 조각들이 들어오면서 부처님과 불교를 표현하기 시작한다.

부처님이 당시 인도인들은 입지 않았던 형태의 그리스 옷을 입고 있는 것을 지금도 어렵지 않게 찾아볼 수 있다. 머리 스타일 또한 아폴로가 머리를 묶은 모습인 벨베데레belvedere의 아폴로를 본뜬 모습이다.

현재 남아 있는 부처님 조각 중에 가장 오래된 것은 우에노의 도쿄 국립박물관에 있는 1세기 부처님 조각으로, 지금 우리가 보는 조각들과는 달리 상당히 이국적이고 왜소한 모습이다. 또한 당시 조각을 보면 부처님 옆에 방망이와 사자 가죽을 들고 있는 헤라클레스를 찾아볼 수 있는데, 이는 중국으로 건너와 요괴로 변형된다.

중요한 것은 이러한 문명의 전이는 결코 일방적으로 일어나지 않는다는 점이다. 불교의 조각이 그리스의 영향을 받은 것처럼 그리스의 스토아 철학 또한 불교의 영향을 받았다고 알려져 있다. 이처럼 문명은 모든 부분에서 계속해서 서로 영향을 줄 수밖에 없다. 단 그 지점들을 뒷받침할 근거들이 많이 유실되어 남아 있지 않은 것뿐이다.

그러한 의미에서 박트리아는 그리스와 아시아 문명의 연결점인 동시에 많은 유산을 통해 이를 뒷받침해주기에 역사적으로 상당히 유의미한 장소라 할 수 있다. 특히 박트리아의 경우 더 이상 새로운 문명이 들어오지 않았기에 문명의 상호관계가

도쿄 국립박물관에 있는 간다라 불상

선명히 드러날 수 있었다.

중요한 것은 이 세상에 완벽하게 내 것, 완벽하게 홀로 존재하는 것은 있을 수 없다는 점이다. 다른 것들과의 관계를 받아들이지 않고 자신만의 전통을 주장하는 것은 전체주의적인 생각에 불과하다. 문명의 이식은 어떤 시대, 어떤 곳에서도 항상 똑같이 벌어져왔다. 홀로 존재하는 문명은 결코 존재하지 않는다.

적이 강할수록

나는 더

강해진다

세계화의 우월한 위치

이제 문명의 등불은 드디어 로마로 넘어온다. 앞서 로마 이전의 문명들을 통해 우리는 역사에서 위치가 무엇보다 중요하다는 것을 깨달을 수 있다. 레반트는 인류가 더 큰 세계로 나아가기 위해 반드시 지나야 하는 지리적 조건을 지니고 있었다. 또한 무엇보다 농사를 짓기 비옥한 땅이었기에 정착 생활에 적합한 환경도 가지고 있었다. 결국 이러한 과정에서 문명들이 이룩되고, 그들이 서로 모여 교류와 전쟁을 통해 하나의 세계를 이루게 되는 것은 당연했다.

세계화란 항상 양면을 가진 칼과 같다. 개방을 통해 수출과 수입이 자유로워진다는 장점이 있지만 시장이 커진 만큼 전쟁의 위험성도 항상 도사리기 마련이다. 그러한 의미에서 크레타는 상당히 큰 혜택을 받는 위치에 있었다.

문명이란 언제나 홀로 성장할 수 없기에, 성장과 동시에 더 큰 문명에 의해 잠식당할 운명에 처한다. 그러한 의미에서 크레타는 그리스 문명은 받아들이면서도 이집트, 그리스, 디아도키로 이어지는 다른 문명들의 침략과 페르시아 전쟁의 위험에서 벗어나 있었다. 결국 미케네 문명에 의해 사라지기는 했으나 무역을 하기에 용이하면서도 전쟁을 하기에는 먼 위치 덕분에 수백 년 동안 평화로운 삶을 유지하며 성장할 수 있었다.

로마가 성장할 수 있었던 이유도 그 유명한 로마의 로물루스, 레무스의 전설 덕분이 아니었다. 사비니Sabini, 움브리아Umbria, 에트루스카Eetrusca 등 주변에 라틴어를 사용하는 민족들이 그만큼 많았던 덕분이었다. 이 중에서 가장 강한 문명은 에트루스카로, 그리스 문명을 가장 많이 받아들인 민족이었다.

남부에 있는 캄파니아Campania에는 그리스 식민지들이 있었다. 캄파니아의 나폴리는 당시 네아폴리스Neapolis로 불렸으며 그 자체가 신도시, 즉 그리스인들이 이탈리아에 지은 신도시를 의미했다. 시칠리아는 카르타고Carthago가 정복하고 있었다.

이탈리아는 반도 내에서의 다툼은 있었겠지만 진정한 슈퍼 파워인 그리스, 디아도키와는 지리적으로 떨어져 있어 200~300년 동안 외부 침략 없이 성장할 수 있었다. 그러나 사실상 로마는 시칠리아를 정복하고 있었던 카르타고에 의해 훨씬 이전에 멸망할 수도 있었다.

카르타고는 북아프리카 튀니지에 자리 잡은 도시로, 고대

로마가 성장하기 전 주변 민족

문명의 기원인 레반트 지역의 페니키아Phoenicia 후손들에 의해 설립되었다. 페니키아는 오늘날의 레바논으로 고대 해상 무역 문명이 이룩된 곳인데, 페니키아인들은 전쟁을 통한 확장보다 무역 자체에 관심이 있었기에 전 세계를 이동하며 무역을 했다.

그러나 알렉산드로스에 의해 페니키아 본토가 파괴된 후 고향을 상실한 그들에게 남은 것은 오로지 카르타고라는 신도시뿐이었다. 그렇게 카르타고는 그리스 문명을 받아들인 덕분에 굉장한 발달을 이룬다. 또한 카르타고인들은 전 세계를 돌며 진정한 탐험을 했는데, 그리스인들의 탐험에 비할 바가 아니었다.

그러나 이후 로마는 카르타고를 점령하며 그들의 발전된 문명을 글이나 책 하나까지 남김없이 파괴해버린다. 오늘날 유일하게 카르타고의 책이라고 남아 있는 것은 그리스어로 번역된 『하노의 모험The Periplus of Hanno』뿐이다. 이 책과 관련된 재미있는 사실 하나는, 이 책 덕분에 지금 우리는 카르타고어를 전혀 모르면서도 그들의 단어 중 하나를 사용하고 있다는 것이다.

『하노의 모험』의 주인공 하노는 카르타고에서 태어나서 아프리카 전체를 한 번 일주했거나 적어도 나이지리아까지 갔다고 알려져 있다. 그러던 중 여행을 하며 털이 굉장히 많고 긴 사람들을 보게 되는데, 이를 '고릴라'라고 지칭한다. 사람으로 착각했던 것이다. 즉 고릴라는 털이 많은 사람을 말하는 카르타고어로, 그 의미까지는 알지 못하지만 덕분에 아직도 우리는 카르타고어 하나는 쓰고 있는 셈이다.

바다를 육지로 만들다

당시 전 세계의 상황을 다시 한번 보자. 지중해의 동쪽은 이집트, 디아도키 등 슈퍼 파워들이 장악하고 있다. 로마는 이탈리아를 장악하고 그 안에서의 우위는 점했으나 아직 슈퍼 파워는 아니다. 당시의 지중해 해상 무역은 카르타고가 장악하고 있었다. 특히 레반트와 아라비아 반도를 넘어 인도와 지하자원이 풍부한 이베리아, 지금의 스페인 지역까지 독점하고 있었다. 때문에 사실 로마인들은 카르타고를 물리치지 않으면 로마의 미래가 없다는 것을 알고 있었다.

로마의 정치가 카토^{Marcus Porcius Cato}가 원로원에서 어떤 연설을 하든 마지막에는 항상 "카르타고는 사라져야 한다^{Carthago Delenda Est}"는 경고를 덧붙였다는 일화가 지금까지 전해질 정도다. 그렇게 로마는 카르타고와 3차에 이르는 포에니^{Poeni} 전쟁을 치르게 되고, 결국 승리를 거머쥔다.

이는 결코 예상할 수 없었던 결과였다. 모든 사람들이 카르타고가 이길 것이라고 할 만큼 무역을 바탕으로 한 카르타고의 해상 병력은 막강했다. 그렇다고 카르타고의 위치상 육지에서의 전쟁 또한 불가능했다. 결국 로마는 바다에서 승부를 결정지어야 했는데, 이를 위해 묘안을 내놓는다.

당시는 대포 등의 무기가 없었기에 해전에서도 단순히 배 앞에 쇠같이 뾰족한 것을 달고 서로 부딪치는 방법을 사용했다. 그만큼 전술이 더 중요할 수밖에 없었다. 살라미스^{Salamis} 해전에서 그리스가 페르시아를 격퇴시킬 수 있었던 것도 함대의 규모 덕분이 아니었다. 페르시아 군대를 폭이 좁은 살라미스 만으로 유인하는 전술을 펼쳐 11시간 동안 계속된 해전 끝에 승리할 수 있었던 것이다. 그만큼 당시 해전에서는 배를 잘 조정하는 것이 잘 싸우는 것을 의미했다.

이러한 상황에서 카르타고인들이 전 세계에서 배를 가장 잘 조정하는 것은 당연했다. 이에 비해 로마는 해군도 없던 실정이었다. 배를 만든다고 해도 조정하는 기술이 없었던 로마로서는 해전에서 계속 패하는 것이 당연했다. 그런데 여기에서 로마의 위대함이 빛을 발하기 시작한다.

로마의 문명은 현실주의에 기반하고 있었다. 전통을 고수하기보다는 지금 도움이 된다면 바로 바꿔버리는 것이다. 오늘날 로마를 과거 미국에, 그리고 그리스를 유럽에 비유하는 것도 이와 같은 이유다. 문명은 그리스, 유럽에서 왔지만 현실적으로 대응하는 것은 로마였고, 과거 미국이었다는 것이다.

로마가 생각한 전술은 과연 혁명적이었다. 사실상 로마는 육지에서의 전쟁에는 능했지만 바다에서 카르타고를 이긴다는 것은 본질적으로 불가능했다. 보통의 문명의 경우 이처럼 불리한 싸움은 포기했을 것이다. 그러나 로마는 달랐다. 로마는 바다를 육지로 바꾼다.

이를 위해 코르부스corvus라는 것을 개발하는데, 끝이 뾰족한 긴 다리를 만들어 배가 서로 가까이 있으면 카르타고의 배가 충

상대의 배에 다리를 연결하는 코르부스

돌하기 전에 상대의 배에 다리를 이어버리는 것이다. 그리고 이때 다리는 끝을 뾰족하게 만들어, 찍힌 뒤에는 다시 뺄 수도 없도록 했다.

이렇게 배와 배가 자연스럽게 연결되면 군인들이 상대의 배로 건너가 전쟁을 할 수 있었다. 바다의 전쟁을 육지의 전쟁으로 만든 것이다. 이는 육지에서 훨씬 능한 로마가 이길 수밖에 없는 구조였다. 로마는 바다를 육지로 바꾼 프레임 전환으로 진정한 승리를 거둔다.

로마의 뛰어난 전술은 이것뿐만이 아니었다. 로마의 경쟁자 중의 하나인 켈트족은 막강한 싸움 실력에도 불구하고 전쟁 시 전술보다는 개인의 용맹에 의존한다는 치명적 약점을 가지고 있었다. 로마는 이러한 무질서적인 상대에게는 방패로 대열을 갖춘 질서 정연한 전술로 대응했다.

이처럼 해전을 육지전으로 바꾸고, 용맹한 무질서를 전술적인 질서로 대응한 로마는 이제 질서를 갖춘 상대, 그리스에게 무질서로 대응하기로 한다.

질서를 무너뜨린 무질서의 승리

사실 로마의 진정한 적은 알렉산드로스의 후계자이자 300년 동안 전쟁을 한 전쟁의 대장, 그리스였다. 알렉산드로스가 페르시아와의 전쟁에서 이길 수 있었던 비법은 질서였다. 당시 알렉산드로스 군대의 무기는 세상에서 가장 긴 창이었다.

그리스인들은 호플리트^{hoplite}라는 동그란 방패로 벽을 만든 후에 창을 들고 서로 찌르는 전술을 펼쳤는데, 보통의 창이 2미터 정도라면 10미터 정도의 긴 창을 사용했다. 상대가 미처 다가오기 전에 먼저 찌르는 단순한 방법이었지만 페르시아는 속수무책으로 당하고 만다.

당시 로마 군대의 칼은 글라디우스라는 1미터도 안 되는 짧은 칼이었다. 그들의 전술대로라면 로마가 패할 것은 당연했다. 그러나 로마는 여기에서 다시 한번 방법을 찾아낸다. 호플리트 시스템의 핵심이 질서라는 것을 간파해낸 것이다. 그리고 질서가 유지되면 절대로 이길 수 없는 이 싸움의 가장 치명적인 약점 또한 질서라는 것을 도출해낸다.

보통 군인들은 방패로 왼쪽을 막고 창을 오른쪽에 두는데, 이 경우 방패로는 내 몸의 반밖에 보호할 수가 없다. 나의 오른쪽 몸은 옆 사람이 방패로 막아줘야 하는 것이다. 즉 호플리트 전투의 핵심은 서로가 서로를 믿을 수 있어야 한다. 옆 사람이 방패의 위치를 흐트러뜨리면 당장의 내 목숨이 위태로워지기 때문이다. 결국 옆 사람이 나를 도와줄 것이라는 믿음 없이는 유지되기 힘든 시스템인 것이다. 그리스의 남자들이 활발한 친목 활동을 했다는 기록이 남아 있는 이유도 이 모든 것이 믿음을 키우기 위한 과정이었기 때문이다.

로마는 바로 여기에서 승리의 아이디어를 얻는다. 필룸^{pilum}이라 불리는 창과 오늘날 다트 경기에 사용하는 화살 같은 모양의 플룸바타^{plumbata}가 그것이다. 그전까지의 창은 상대에게 한 번에 꽂힐 수 있도록 앞을 뾰족하고 무겁게 만드는 직선 형태였다. 그러나 로마는 창의 앞을 가볍게 하고 뒤를 무겁게 하는 정반대의 원리로 필룸을 제작한다. 물론 이 경우 멀리 던지지 못하는 문제점이 있었으나 전혀 상관없었다. 그들은 애초에 멀리 던질 생각이 없었다.

필룸은 애초에 상대가 가까이 다가왔을 때 던지도록 만들어졌다. 근거리에 있는 상대의 방패에 필룸이 꽂히게 되면 방패는 그 무게 때문에 앞으로 떨어질 수밖에 없게 되고, 이 순간 상대의 몸은 아무런 보호 없이 갑자기 노출된다. 그리고 상대가 패닉에 빠진 바로 그 순간 방패 내부에 꽂아두었던 플룸바타를 뽑아 던지는 것이다. 더구나 필룸은 한번 방패에 꽂히면 휘어지도록 제작되었기에 적이 재사용할 수도 없었다.

이러한 방식으로 수천 명이 한꺼번에 창을 던지자 몸이 노출된 그리스 군인들의 질서는 흐트러질 수밖에 없었다. 로마는 결국 질서의 그리스를 무질서하게 만들어 그리스를 관통하고 디아도키 군대들을 모두 제거해버린다.

이처럼 로마의 승리 비결은 뛰어난 전술에 있었다. 무기에 대한 기존의 고정관념을 버리고 상황에 맞춰서 바꿀 줄 알았던 것이다. 창은 길어야 한다는 편견에서 벗어나 짧게, 던지는 것은 가벼워야 한다는 생각에서 벗어나 무겁게, 로마는 이처럼 필요한 만큼 기술을 계속해서 발전시켜나갔다. 또한 테스투도

테스투도 전술

^{testudo}라는 거북이 모양의 대형을 통해 전략적인 전술 또한 펼쳤다. 이는 영화 〈글래디에이터〉에서 가장 현실적으로 잘 표현하고 있다.

남유럽인답게 상대적으로 키가 작은 로마 군인들은 신체적인 한계 때문에 결코 북유럽 게르만^{German} 야만족들과 일대일의 전투에서는 우세하지 않았다. 훗날 로마는 전 세계를 정복한 후 그들 자신의 승리 비결을 용맹함과 전투력에 있었다고 착각하지만 로마의 진정한 승리 비결은 시스템, 무기, 전술 이 세 가지에 있었다. 질서에는 무질서로, 무질서에는 질서로 대응하면서 상황에 맞게 무기를 적절하게 변형한 로마는 전 세계를 제압하는 데 성공한다.

위대한 것은
결국

무너진다

전쟁 승리의 필수 조건

로마가 전쟁을 통해 강대 문명을 무너뜨릴 수 있었던 또 다른 배경은 사회 인프라에 있었다. 전쟁이 장기전으로 넘어갈수록 무기와 식량을 조달하는 것은 가장 중요한 문제가 된다. 게르만족을 비롯한 다른 민족의 경우 식량 조달이 어려워 연이어 전쟁을 치르는 것이 불가능했고 부상을 입어도 병원에 갈 수 없었지만 로마는 달랐다. 로마는 정비된 도로를 통해 자유롭게 무기와 식량을 조달했고 발달된 의료 환경을 통해 적절한 치료를 받을 수 있었다.

로마가 총 여섯 층에 이르는 도로를 건설할 만큼 훌륭한 토목 기술을 가지고 있었다는 것은 널리 알려진 사실이다. 으깨어 부순 점토, 돌과 시멘트, 사면, 자갈 등이 층층이 깔린 이 단단한 도로를 통해 로마의 군인들은 용이하게 이동할 수 있었다. 이때 만든 도로는 아직까지도 남아 있다.

그만큼 당시 로마의 사회 인프라는 상당히 발달된 수준이었다. 또한 로마에는 '파브리케fabricae'라고 불리는 무기 공장이 따로 갖춰져 있어 대량의 무기 생산이 가능했는데, 이는 무기의 길이나 무게 등의 단일화를 의미했다. 누구나 특별한 연습 없이 무기를 들고 나가 싸울 수 있었다.

로마의 이러한 인프라는 로마인들뿐만 아니라 전쟁을 통해 정복한 민족을 지배하는 데도 이용되었다. 로마는 정복한 민족들에게 로마의 뛰어난 하수도나 목욕탕, 학교 등의 인프라를 갖춰주고 삶을 윤택하게 만들어줬다.

그렇게 결국 시간이 지나면 처음에는 로마에 대항하던 민족들도 점차 로마인이 되어갔다. 오로지 단 한 민족만 빼고 말이다. 바로 문명의 기원, 고대 레반트의 역사를 고스란히 기억하고 간직하던 유대인들만은 결코 로마에 굴복하지 않았다. 그 결과 유대인들은 전 세계를 떠돌게 된다.

디아스포라, 반란의 최후

로마는 황제와 그 업적을 기념하기 위해 개선문을 세우고, 이곳에서 승리한 군대의 귀환 행렬을 벌였다. 그중 로마 포로 로마노Foro romano에 있는 티투스 개선문은 현존하는 가장 오래된 개선문으로, 그 안쪽에는 70년 예루살렘을 함락시켰을 때 최고조에 달했던 유대인 반란의 진압 과정을 조각으로 꾸며놓았다.

총 세 번의 항쟁 중 첫 번째는 66년에 발발해 베스파시아누스Vespasianus(재위 79~81) 황제와 그의 아들 티투스에 의해 70년에 제압된 것으로, 그 결과 유대인들은 나라뿐만 아니라 신전도 잃고 만다. 그리고 그때부터 유대교는 글의 종교가 돼버린다.

신의 집인 신전이 부숴지자 유대교에서는 신이 집에서 책으로 옮겨갔다고 해서 글을 써 남겨놓는 전통이 상당히 중요해지기 시작한다. 유대인 철학자 모세 벤 마이몬Moshe ben Maimon이 신이 사람들 개인의 마음에 들어왔다고 이야기한 것도 이와 관련된다.

유대교 신전이 있던 그 장소에 현재는 이슬람의 성지인 바위의 돔이 있다. 아랍어로 사크라Sakhrah라 불리는 유대교의 가장 성스러운 이 바위가 바로 천지창조하신 야훼YHWH 신이 지구에 던진 첫 돌이었으며, 모리아Moriah 산의 정상이기도 한 이곳에서 아브라함이 아들 이삭을 제물로 바치려 했다고 한다.

모세가 시나이 산에서 야훼 신에게 직접 받은 십계명을 보관하던 언약궤가 바로 이 바위에 올려져 있었는데, 추후 모하메드 또한 이 바위를 밟고 인간 얼굴과 당나귀 몸을 가진 부락Buraq을 타고 하늘로 올라갔다 하니, 오늘날 같은 곳을 장악하기 위해 두 종교가 끊임없이 싸움을 벌이는 것은 어쩌면 당연한 일일 수도 있겠다.

70년 베스파시아누스가 예루살렘을 완전히 정복할 무렵에 유대교 극단주의자들로 형성된 '시카리Sicarii' 병사들과 가족은

유대교 신전이 있던 자리에 세워진 바위의 돔

마사다Masada라는 곳으로 도망간다. 마사다는 사막 한복판의 산 위에 있는 요새로, 사실 절대로 정복이 불가능한 곳이다. 때문에 보통 다른 나라의 경우는 소수의 유대인 정도는 그냥 굶어 죽도록 놔두었을 테지만 로마는 역시 달랐다. 로마는 자신에게 반항을 한 자는 절대 살아남게 두지 않았다.

로마는 마사다를 지리상 점령할 수 없자 이를 둘러싸 막아 버린 후 3년 동안 흙으로 올라갈 수 있는 램프ramp를 만든다. 아무런 대항력이 없던 유대인들은 이를 속수무책으로 지켜볼 수밖에 없었다. 그리고 로마 군대가 마사다를 점령한 순간, 그곳에 있던 유대인들은 서로가 서로를 죽이는 방법을 택한다. 지금도 이곳은 이스라엘인들에게 국가적인 상징과 같은 곳으로, 아직도 로마 군대의 유적이 남아 있다.

그리고 50여 년 뒤, 132년 유대인들은 시몬 바르 코크바Simon Bar Kokha를 중심으로 다시 한번 반란을 일으킨다. 결국 하드리아누스Hadrianus(재위 117~138) 황제에 의해 반란은 제압되었으나 이제 로마는 유대인들에게 더욱 강경책을 펴기로 작정한다.

정복당한 다른 민족들이 로마를 팍스 로마나Pax Romana로 찬양하는 것과 달리 끝없이 반란을 일으키는 유대인들에게 더 이상의 회유책은 없었다. 로마는 예루살렘을 모두 파괴한 후 그곳에 엘리아 카피톨리나Aelia Capitolina라는 완전히 새로운 로마 도시를 세운다. 그리고 법으로써 유대인을 예루살렘에서 추방한다.

이때 예루살렘을 파괴하고 고향으로 간 로마인들은 '헵헵

유대인의 상징, 마사다

후레이HEP-HEP hurray'라는 가사의 노래를 부르는데, 지금도 유럽의 축구 경기에서 선수들이 이를 부르는 모습을 볼 수 있다. 그 의미는 '예루살렘은 이제 끝장났다Hierosolyma Est Perdita'는 것이지만 예루살렘은 이후로도 결코 끝나지 않았다.

유대인은 132년부터 1948년 5월 14일 현대 이스라엘 국가 건국까지 디아스포라diaspora로 세상을 떠돌며 다니지만, 1800년이 넘는 기간 동안 결코 그들의 정체성을 잃지 않았다. 이는 다른 민족들, 특히 로마나 디아도키에서는 결코 찾아볼 수 없는 모습이다.

탄생과 함께 예정된 제국의 멸망

결국 로마는 2~3세기에 이르러 전 유럽, 중동과 북아프리카를 포괄하는 하나의 세상을 만들었다. 모든 인프라가 다 갖춰진, 그 어떤 적도 다 물리칠 수 있는 로마인의 평화, 로마 제국의 완성이었다.

그러나 제국의 멸망은 제국의 탄생 시점에 이미 심어져 있었다. 광대한 로마 제국의 영토는 사실상 당시 기술로는 다스릴 수 없는 규모였다. 당시 영국에서 이집트까지는 이동으로만 6개월이 소요될 정도였다.

국경선 또한 너무 길었다. 제국은 모든 국경선을 지킬 수도 없었지만, 그럴 필요도 없어 보였다. 선택과 집중이 절실했다. 결국 각 3000~5000명 병력으로 구성된 로마 제국의 총 30개

북해

대서양

로마

흑해

아테네 에페수스

카르타고

지중해

예루살렘

알렉산드리아

로마 제국의 광대한 영토

정도의 군단^{legion} 중 반 정도는 게르만 야만족들로 득실거리는 독일 라인강과 오스트리아-헝가리를 가로지르는 도나우강변을 지키고, 나머지 반은 레반트 지역에서 페르시아 제국과 대결하게 된다. '전방 지역 방어'라 불릴 수 있는 이 전략은 그러나 로마 제국 멸망의 단초가 된다.

야만족들과 문명을 구분 짓는 것은 오로지 잘 훈련된 로마 군단들이 지키는 국경선밖에 없기에, 일단 국경선 안으로만 들어오면 그 안에서는 누구든 잘 정비된 도로를 통해 자유롭게 돌아다닐 수 있었다. 당시까지만 해도 소통할 수 있는 방법이 없으니 국경선이 뚫렸다는 소식이 로마까지 오는 데만 해도 몇 주가 걸렸다. 제압할 군인들이 가는 시간 동안 야만족들은 다른 곳으로 이동이 가능했고, 때문에 그들을 잡는 데만 몇 년이 소요될 정도였다.

그렇게 전 세계를 아우른 로마 제국은 광대한 제국이라는 본질적인 문제 때문에 그 멸망을 이미 예정하고 있었는지도 모르겠다. 그러나 로마의 미래를 좌우할 가장 큰 문제는 결국 게르만인들도, 페르시아인들도 아닌, 바로 로마인들 스스로였다.

2부

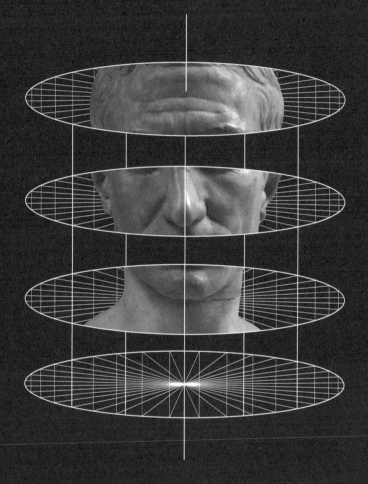

멸망

왜 위대한

로마 제국은
무너졌는가

찬란한 로마의 영광도 결코 영원하지는 못했다. 전쟁에서의 계속된 패배, 황제의 급속한 교체, 국가 재정의 파탄…. 3세기 로마는 절체절명의 위기에 빠진다. 그리고 마침내 위대한 제국 로마는 역사 속으로 사라지고 만다.

로마는 역사상 언제나 공화국이었고, 왕도 황제도 아닌 아우구스투스만이 존재했다. 탄생할 때 이미 멸망의 씨앗을 안고 태어난 로마 제국의 비밀을 통해 시대의 거대한 흐름과 이에 맞서는 인간의 한계를 되짚어본다.

불평등은

몰락의
징조다

왕의 추방과 로마 공화정의 성립

아주 작은 마을에 불과했던 로마는 앞선 문명을 통해 지중해 주변의 전 세상을 지배하는 제국으로 탈바꿈한다. 그러나 찬란한 로마의 영광도 결코 영원하지는 못했다. 로마는 왜, 언제부터 멸망하기 시작했을까? 과연 로마는 멸망한 것일까? 우리는 여전히 더 이상 보이지 않는 로마 제국에 살고 있지는 않을까? 이제부터는 이상의 물음에 대해 한번 이야기해보려 한다.

로마 제국은 450여 년 동안 공화정 체제였다. 물론 여자는 투표를 할 수 없었고 노예도 있었기에 오늘날 우리가 이야기하는 민주주의 공화국은 아니었다. 그러나 당시 기준으로 보면 분명히 왕정 또한 아니었다. 왕정의 경우 독재하는 왕이 존재하고 그의 권력은 모두 아들에게 세습되었지만 로마는 달랐다.

기원전 509년 로마가 공화정으로 바뀌기 전까지만 해도 로마는 수백 년 동안 왕정이었다. 로마 왕정의 마지막 왕 타르퀴니우스Tarquinius(재위 BC 534~510)는 사실 로마 출신이 아니었다. 그는 로마 북부의 에트루스카가 세운 도시, 피렌체 출신으로 당시에는 에트루스카 왕들이 오랜 기간 동안 권력을 잡았다. 그러다 보니 로마에서는 왕이라는 개념 자체가 정복자들의 통치를 의미했다. 그러나 타르퀴니우스는 결국 브루투스Lucius Junius Brutus 의 반란을 통해 추방되면서 이때부터 로마는 공화정이 된다.

로마의 이러한 전통 때문에 로마 시민들에게는 왕, 렉스rex 라는 단어 자체가 가장 혐오스러운 단어 중의 하나였다. 왕이라는 단어뿐만 아니라 정권을 아들에게 물려주는 세습 제도 또한 마찬가지였다. 이는 앞으로의 로마라는 제국을 이해하기 위해 반드시 알아야 할 전제 조건이다.

로마 공화정에서는 노예가 아닌 성인 남성들이 정치적 집회 장소인 코미티움comitium에 모여 토론을 했다. 코미티움은 정당의 존재 없이 모든 사람들이 모여서 이야기를 나눈다는 점에서 어떻게 보면 진정한 포퓰리즘populism의 장소라고 할 수 있었다. 오늘날의 코미티committee라는 단어도 여기에서 유래한다. 아테네에는 프닉스pnyx라는 것이 있어서, 이곳에 사람들이 모여 토론했다.

로마와 아테네를 민주주의의 발달 정도로 비교하자면, 아테네 민주주의는 1.0의 전통적인 형태였다고 할 수 있다. 각지의 사안에 대해 매일 1~2만 명이 모두 모여 토론과 투표를 하는 형

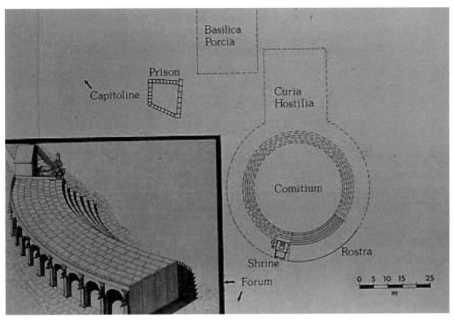

로마의 코미티움(위)과 아테네의 프닉스(아래)

태였기에 이론적으로는 좋지만 비효율적인 것은 당연했다.

예를 들어 아테네에서는 펠로폰네소스 전쟁을 앞두고 스파르타로 보낼 군인이나 화살의 수까지 수만 명의 사람들이 토론을 통해 결론을 내는 식이었다. 그러다 보니 전문성이 있는 사람들이 합리적인 결론을 내기보다 소위 목소리 큰 사람이 이기고 협상을 잘하는 사람, 말을 잘하는 사람의 의견에 끌려가는 형태가 되기 쉬웠다. 그리고 이는 펠로폰네소스 전쟁에서의 패배라는 결과로 돌아온다.

로마의 민주주의도 한 장소에 사람들이 모이는 것은 아테네와 동일했다. 그러나 로마에는 또 하나의 시스템이 있었다. 모든 사람이 모여서 이야기하는 코미티움도 존재했지만, 각자 직업 또는 상황에 따라 따로 모이는, 소위 전문 분야에 따른 모임이 존재했다.

그중 세나투스senatus라는 원로원이 있었는데, 어르신을 의미하는 라틴어 세넥스sēnex에서 유래한 만큼 입법, 자문 등의 국정활동이나 집정관인 콘술consul을 선출하는 막강한 권력과 권위를 가진 모임이었다. 물론 가장 중요했던 모임은 서민들로 구성된 민회인 코미티아comitia였고, 말하자면 세나투스는 코미티아에서 나온 사안에 대해 다시 이야기하는, 오늘날 상원senate 같은 역할을 했다고 볼 수 있다.

콘술(집정관)은 왕을 대신해 로마의 공화정을 이끄는 최고 관직으로, 정권의 독점을 막고 서로를 견제하도록 하기 위해 두

명을 1년 임기로 선출했다. 로마에서는 왕이라는 단어만큼 왕을 상징하는 왕관 또한 굉장히 혐오스러운 상징 중의 하나였기에 콘술의 경우 왕관이 아닌 월계관을 썼다. 콘술의 옷에는 줄이 하나 더 그려져 있었으며, 군인을 통치해서는 안 되고 호위 군사도 9~12명으로 제한되어 있었다. 집정관을 보호하는 호위 군사는 칼이나 창이 아니라 막대기를 묶어 위에 도끼를 끼운 파스케스fasces를 들고 다녔다.

라틴어로 묶음을 의미하는 파스케스는 막대기처럼 가는 것도 묶으면 튼튼해진다는 의미, 즉 로마인들 한 명 한 명은 약하지만 이들이 모이면 강력한 군대가 된다는 것의 상징이었다. 파스케스는 1차 세계대전 이후 정치적 혼란을 틈타 다시 고대 로마 제국의 영광을 되찾겠다며 무솔리니Benito Mussolini가 세운 파시즘facism의 상징이 되기도 한다.

또한 로마에서는 장군이 전쟁에서 승리하면 트라이엄프triumph라는 승전 행렬을 벌였는데, 이때 마차를 끄는 노예는 장군의 귓속에 "너도 언젠가는 죽는다"는 말을 계속해서 들려줬다고 한다. 휴브리스hubris, 즉 오만을 항상 경계하기 위함이었다.

앞서 말했듯이 알렉산드로스 이후의 그리스 조각은 한마디로 사치와 상징주의, 이상주의의 극치였다. 그러나 같은 시기 로마 공화국의 조각은 그 스타일이 완전히 달랐다. 비관적인 현실을 여과 없이 표현한 탓에 촌스럽고 유치해 보이기까지 한다. 같은 시기의 헬레니즘 조각과는 상당히 다른 모습이다.

과장된 헬레니즘 조각(위)과 사실적인 로마 조각(아래)

공화국에 시작된 균열, 불평등

로마는 여러 번의 전투에서는 패배했지만, 결국 큰 전쟁에서는 한 번의 실패도 경험하지 못했다는 치명적인 '문제'가 있었다. 상대에 맞는 새로운 전술과 도로나 의술 등의 뛰어난 인프라 덕분에 세상을 모두 정복했지만 로마는 결코 처음부터 세계를 정복하려는 계획을 세우지 않았다. 로마는 알렉산드로스나 진시황처럼 세상을 정복하겠다는 신념이 아니라 살아남기 위해 전쟁을 했다. 다른 나라에 침략받지 않기 위해 끊임없이 싸웠고 그 결과 승리를 쥐게 된 것이다.

그런데 점차 문제가 생기기 시작한다. 로마 공화정 때는 직업 군인이라는 제도가 없었기에 군인은 모두 시민 군인이었다. 그리고 그조차도 경제적인 능력을 바탕으로 무기와 갑옷을 스스로 구입할 수 있는 사람들만 시민 군인이 될 수 있었다. 나의 공동체, 나의 나라를 지키기 위해 자진해서 전쟁에 참여했다.

그러므로 당시에는 전쟁에서 반드시 지켜야 하는 룰이 있었다. 모든 전쟁은 가을 수확 전에는 반드시 끝나야 했다. 봄에 씨를 뿌리고 전쟁에 나가 가을에 수확하기 전까지는 돌아와야 했기 때문이다. 모든 나라가 비슷한 사정이었기에 이는 사회적으로도 어느 정도 합의된 불문율이었다. 그리고 이는 로마 공화정 초기까지는 잘 지켜졌다.

그런데 로마의 팽창이 가속화되며 문제가 생기기 시작한다. 당시는 도보로 이동할 수밖에 없었기에 영국까지 출정할 경우 같은 해에 이탈리아로 돌아오기란 사실상 불가능했다. 어떤 전쟁은 다시 돌아오기까지 10년 이상이 걸릴 수도 있을 만큼 기약 없는 장기전이 계속되었다.

당시 로마의 한 가정을 예로 들어보면 장기 출정이 어떠한 사회적 파장을 가져왔는지 이해하기 쉽다. 한 가정에서 전쟁에 나갈 가능성이 큰 사람은 확률적으로 아버지와 큰아들인데, 이들은 동시에 가정에서 경제 활동을 담당해야 할 사람들이다.

장성한 남성 두 명이 5~10년 동안 돌아오지 못할 경우 당장의 생계에는 차질이 생길 수밖에 없다. 당시에는 기계 없이 온전히 인력으로 일해야 했기에 그 빈자리는 더 클 수밖에 없었다. 결국 남은 가족들은 상당한 이율로 세넥스에게 부채를 질 수밖에 없었고, 대부분 갚지 못할 것은 분명했다. 그리고 이제 이를 갚기 위해 처음에는 가축을, 다음에는 토지를, 그다음에는 집을 바치고, 마지막에는 결국 본인들이 노예가 되는 악순환에 빠지고 만다.

전쟁에서 돌아온 이들에게 남은 것은 가족들이 모두 노예가 되어 있는 현실뿐이다. 나라를 위해 열심히 싸우고 돌아왔는데 세상이 바뀐 것이다. 이렇게 로마 공화정의 핵심이었던 중산층이 무너지기 시작하고 빚은 사회적 문제로 대두된다.

동시에 로마가 전 세계를 정복하면서 수백만 명의 노예가 생기는데, 이들 또한 전쟁 시 세금을 가장 많이 냈던 세넥스의 차지가 된다. 여기에서의 문제는 중산층 누구도 무료로 일하는 노예보다 더 저렴하게 일하는 것이 불가능했다는 점이다. 이제 로마의 중산층은 직업조차 찾지 못하는 신세로 전락하고 만다.

공화정 마지막 시기에 로마의 실업률은 70~80퍼센트에 육박할 정도였다. 단순한 노동은 모두 노예의 차지고, 고차원적인 일은 교육을 훨씬 많이 받은 세넥스의 후손만이 할 수 있으니 중산층이 할 수 있는 일은 없었다. 이들을 보호할 사회 보장 제도 또한 전혀 없었다. 로마 공화정에 상상을 초월할 수준의 불평등이 생기기 시작한다.

극과 극의 삶을 살다

로마의 가난한 중산층 대부분은 당시의 아파트라고 할 수 있는 인술라insula에 살았다. 그들은 다닥다닥 붙은, 창문도 없는 건물에서 변변한 하수도 시설도 없이 나뒹구는 쓰레기와 함께 생활할 수밖에 없었다. 이러한 상황에서 전염병이 창궐하는 것은 당연한 이치였다.

세넥스들의 삶은 정반대로 흘러갔다. 그들은 처음에만 해도 조금 부유한 수준이었지만 중산층으로부터 거둬들인 이자에 농가, 토지를 통해 엄청난 부를 축적한다. 세넥스들의 토지 소유 규모는 상상을 초월할 수준이었다. 오늘날 도시 하나 정도의 토지를 몇몇 갑부 세넥스 가문들이 소유하기도 했다.

그중 빌라 데이 파피리Villa dei Papiri는 이탈리아 에르콜라노 북서쪽 베수비오 산 중턱에 위치하는데, 사실 에르콜라노는 폼페이Pompeii보다 유물이 더 많이 나올 만한 곳이기도 하다. 지금은 그 위에 새로운 건물들이 들어와서 대부분 지하로 들어가야만 볼 수 있다. 그곳에서 가장 유명한 것이 빌라 데이 파피리라는 저택으로, 집에서 다 타버린 상당한 규모의 서재가 발견되어 종이를 의미하는 파피리가 이름에 붙게 되었다.

이곳은 처음 발견되었을 당시 학계에서 상당히 큰 주목을 받았다. 저택의 서재인만큼 유실되었다고 알려진 아리스토텔레스의 『시학』 2편과 같은 역사적 사료가 상당수 남아 있을지 모른다는 기대감을 줬기 때문이다. 물론 화재로 대부분 소실되었지만 최신 기술을 사용해 여전히 복원하는 중이다. 그런데 애석하게도 최첨단 기술을 사용해 지금까지 복원된 책들은 그다지 학술적인 가치가 높지 않은 코미디나 로맨스 류의 책이 대부분이었다. 물론 그 자체가 역사적 자산이기는 하지만 말이다.

빌라 데이 파피리의 우아한 모습은 이제 더 이상 볼 수 없지만 미국의 폴 게티 빌라Paul Getty Villa 박물관을 통해 그 체험은 할 수 있다. 폴 게티는 석유 사업가로, 20세기 초 미국의 대부호였다. 옥스퍼드대학교에서 고고학을 전공했을 정도로 그리스 로마 유물을 좋아했던 그는 수억 달러의 미술품을 수집해 본인의 집을 빌라 데이 파피리와 똑같이 짓고 이를 전시했다. 이곳을 통해 고대 로마 시대 때 세넥스의 삶을 아쉽게나마 엿볼 수 있다.

망조는   천천히

세상을

                    잠식한다

독재의 그림자가 드리워지다

로마 공화정은 여러 단계를 거치며 멸망의 전조를 비친다. 불평등은 더욱 심화되었고, 이에 따라 오늘날 정당과 유사한 조직이 생기기 시작한다. 포풀라레스populares와 옵티마테스optimates가 그것으로, 각각 오늘날 진보당과 보수당의 역할을 했다.

포풀라레스는 의미 그대로 사람들의 의견을 변호하는 민중파로, 정치를 주도해온 세나투스에 반발해 평민의 지지를 기반으로 했다. 가이우스Gaius Gracchus와 티베리우스Tiberius Gracchus 형제가 최초의 포풀라레스로 간주되며, 그 번성을 이끈 중심인물은 마리우스Gaius Marius 장군이다.

옵티마테스는 세나투스 주도의 정치를 지지한 사람들로, 대표적으로 술라Lucius Cornelius Sulla 장군이 있다. 이때 처음으로 정치가 진보와 보수로 나눠지기 시작한다.

포풀라레스의 마리우스(위)와 옵티마테스의 술라(아래)

사실 왕이나 종교에 절대 권력을 부여하던 이전 사회까지만 해도 진보나 보수의 개념 자체가 없었다. 사회 자체가 이처럼 양분되는 경우는 역사상 로마가 처음이었다. 그리고 이것이 오늘날 우리가 로마 정치를 살펴봐야 하는 중요한 이유다. 현재 우리가 겪고 있는 사회 정치적인 문제들을 로마도 똑같이 가지고 있었기에 로마 역사를 통해 그들의 성공과 실패를 보는 작업이 필요한 것이다.

사실상 고대의 다른 문명들은 현재 우리 삶과 조금은 동떨어져 있지만 로마 공화정과 로마 제국의 정치적 사안들은 지금 우리가 처한 여러 가지 사회적 문제를 그대로 비추고 있다. 앞서 로마가 먼 거울로서 우리를 비추고 있다고 표현했던 것도 이 때문이다.

오늘날 정당처럼 포풀라레스와 옵티마테스 또한 선거를 통해 그 주도권을 주고받았다. 그리고 계속되는 노력에도 불구하고 사회 불평등의 문제가 나아질 기미를 보이지 않자, 결국 마리우스는 콘술이 된 후 부유한 자들의 부정한 돈을 압수하고 혁신적인 법 제정을 통해 적폐 청산을 시작한다. 뿐만 아니라 로마의 불평등이 농사를 지어야 하는 중산층을 계속되는 전쟁의 군인으로 착출하는 것에서 기인한다고 결론짓고 군제를 대대적으로 개혁한다.

이때 직업 군인이라는 개념이 처음으로 등장한다. 그전에는 1~2년의 짧은 전쟁이었기에 노예나 시민을 동원해도 문제가 되지 않았으나 이제는 수십 년 전쟁이었다. 이러한 상황에서 직업 군인 제도는 생계를 유지하지 못하는 중산층의 몰락과 이로 인한 사회적 불평등의 심화를 막기 위한 해결책이었다. 그리고 처음에는 아주 좋은 방법처럼 보였다. 이것이 나중에 로마 제국 멸망의 주된 계기가 될 줄은 모른 채 말이다.

정치가 양분된 만큼 선거에서의 승리는 곧 상대 당의 몰살과 관련 법 폐기의 수순으로 진행되었다. 시간이 흐를수록 이러한 양상은 점점 더 과열되었고 결국 상황은 더욱 극단으로 치달았다. 그러던 중 마리우스는 정권을 잡은 해에 술라 당에 대한 대대적인 숙청을 감행한다.

당시 그리스와 소아시아에 있었던 술라는 마리우스에 의해 로마에서 반역자로 내몰린 것을 알고 로마 역사상 초유의 로마 진군을 감행한다. 당시 로마 안으로 로마 군대를 끌고 오는 것은 절대 금지된 일이었다. 앞서 콘술의 호위 군사조차 파스케스를 들고 다녀야 했던 것처럼 로마 안에서 피를 보는 싸움은 절대 금지되어 있었다.

그러나 술라는 불문율을 깨고 이를 실행에 옮긴다. 그리고 엄청난 숙청을 시작해 마리우스를 추방시킨다. 이에 더해 반복되는 주도권 싸움에서 보복을 피하기 위한 한 가지 방법을 생각해낸다. 선거를 더 이상 하지 않는 것, 독재를 시작한 것이다. 기원전 81년 술라는 10만 명에 육박하는 군대를 등에 업고 세나투스를 압박해 독재관인 딕타토르dictator에 취임하는 한편, 6개월의 임기를 국가 비상사태라는 이유로 무기한 연장한다.

그러나 술라는 아직 공화정 체제 그 자체를 부정하지는 않았기에 독재 집권 2년 후 돌연 사임을 발표하고 모든 공직에서 은퇴해 나폴리 근처에서 은둔한다. 그러나 로마 공화정은 이미 되돌릴 수 없는 길을 가버린 것일까? 술라의 은퇴는 민주적 합의와 평화가 아닌 또 다른 폭정의 시작이 된다.

술라가 은퇴하자마자 마리우스 당은 로마로 진격해 술라 당 관련자들을 대대적으로 학살한다. 결국 로마 공화정의 마지막 30년은 더 이상 민주주의라고 할 수 없을 정도로 처참한 모습을 보인다.

로마 공화정의 세 가지 문제

로마 공화정 말기에는 세 가지 문제가 동시에 발생한다. 첫째, 로마 안에서의 불평등이 가속화된다. 앞서 말했듯이 불평등 문제는 정치적으로도 해결되지 않고 점점 극단으로 상대를 숙청하는 쪽으로만 과열되고 있었다.

둘째, 로마와 이탈리아 사이의 차별 문제가 대두된다. 로마는 점점 팽창하면서 이탈리아 안에서 같은 라틴어를 쓰는 주변 도시 또는 국가까지 장악했다. 그리고 이들은 로마 연합군이 되어서 다른 나라와의 전쟁에서 로마를 돕는다. 그런데 문제는 이들에게는 로마의 시민권이 없었다는 것이다. 결국 로마인들끼리의 불평등을 넘어 이탈리아인과 로마인들 간의 차별적 대우 또한 사회적 문제로 대두된다. 한마디로 사회계층 간의 전쟁, 소셜 워social war가 벌어진다.

결국 전체 이탈리아 국가와 로마 사이에 내전 수준의 전쟁이 시작된다. 물론 로마가 전쟁에서 이기기는 했지만 로마 내에서 더 이상의 소모전을 없애기 위해 로마는 모든 이탈리아인에게 시민권을 부여한다. 그런데 문제는 여기에서 끝나지 않았다. 모두가 로마 시민이 되면 로마인들끼리의 불평등은 더욱 심해질 수밖에 없었기 때문이다.

셋째, 노예들의 반란이 일어난다. 스파르타쿠스Spartacus 반란으로 대표되는 노예들의 반란은 로마 사회에 드리워진 또 하나의 문제를 드러낸다. 스파르타쿠스가 이끄는 70여 명의 검투사들은 초반 수차례 전투에서의 승리를 통해 7만 명 가까운 대군으로 늘어났고, 그들의 반란은 쉽게 끝나지 않았다.

이때의 노예는 1세대 노예인 만큼 이전의 신분 자체가 높았기에, 로마가 내전에 몸살을 앓고 있는 틈을 타 반란을 꾀하기에도 충분했다. 결국에는 로마 군대에 의해 모두 제압당해 처형되었으나 로마 공화정은 큰 혼란을 겪을 수밖에 없었다.

그리고 마침내 로마 공화정은 로마 안에서의 불평등, 로마와 이탈리아의 차별, 노예와 시민의 불평등이라는 세 문제에 더해, 로마 공화정을 무너뜨린 결정적인 사건에 직면하고 만다.

기원전 63년에 일어난, '카틸리나의 음모'라고 불리는 이 사건은 키케로Marcus Tullius Cicero의 연설을 통해 널리 알려져 있다. 키케로는 정치색으로 따지자면 보수이기는 하지만 전통 가문 출신이 아니기에 중도 우파 정도에 속했다. 아버지는 기사 신분인 에스퀘트 출신이었는데, 명문 귀족인 파트리키^{patrici}와 평민인 플레브스^{plebs} 사이에 해당하는 신분이었다.

카틸리나^{Lucius Sergius Catilina}는 세나투스 출신의 몰락한 귀족이었다. 그는 콘술이 되기 위해 부채를 탕감해주겠다는 공약으로 포풀라레스의 지지를 받았으나 이는 세나투스들에게 반하는 정책으로, 반감을 산 카틸리나는 결국 키케로에게 패하고 만다. 이에 카틸리나는 키케로를 암살하고 세나투스들을 처단해 정권을 장악하려는 음모를 꾸미게 된다.

그러나 카틸리나의 노예가 이러한 음모가 담긴 편지를 키케로의 노예에게 발각당하고 말았고, 결국 음모를 간파한 키케로는 네 번에 걸친 세나투스에서의 연설을 통해 그의 지지 세력을 몰아내고 공화정을 지켜내는 데 성공한다. 당시 키케로가 카틸리나를 단죄하며 한 명연설은 아직까지 전해진다.

카틸리나여, 그대는 우리의 인내력을 얼마나 시험할 것인가? 우리를 조롱하는 그대의 광기는 얼마나 더 오래 갈 것인가? 그대의 방종한 뻔뻔스러움은 언제 끝날 것인가?^{Quo usque tandem abutere, Catilina, patientia nostra? Quam diu etiam furor iste tuus nos eludet? quem ad finem sese effrenata jactabit audacia?}

체사레 마카리, 〈카틸리나를 탄핵하는 키케로〉

이탈리아 팔라 조 마다마가 소장하고 있는 체사레 마카리 Cesare Maccari의 〈카틸리나를 탄핵하는 키케로Cicero Denounces Catiline〉에 당시의 모습이 실감나게 재현되어 있다. 카틸리나는 최후에 반란을 일으키기도 했으나 결국 처형되고, 키케로는 훗날 로마 시민을 재판 없이 처형했다는 이유로 고발당한다. 그러나 키케로가 이처럼 지키려 했던 로마 공화정은 더욱 극단적인 혼란으로 치닫는다.

뉴 리퍼블릭, 황제의 제국

카이사르Gaius Julius Caesar는 이러한 어수선한 틈을 피해 세 명의 장군들과 정치적 협약을 맺는다. 크라수스Marcus Licinius Crassus, 폼페이우스Gnaeus Pompeius Magnus와 카이사르 세 사람은 기원전 43년 1차 삼두정치를 시작한다. 물론 이때까지만 해도 독재는 아니었다.

이 중 폼페이우스와 크라수스는 술라 장군의 부하들이었고 옵티마테스에 속했으나 카이사르는 포풀라레스였다. 그리고 세 사람 중 최후 승자는 결국 카이사르였다. 카이사르는 그렇게 술라 이후의 두 번째 딕타토르, 독재관이 되었다.

이후 카이사르는 세나투스들을 포섭해 독재관의 임기를 없애고 종신 독재관으로서 자신을 임명한다. 그러나 정권을 장악한 자의 최후는 그리 길지 않았다. 기원전 44년 카이사르는 양아들 데키무스 브루투스Decimus Brutus가 이끄는 세나투스에 의해 암살당한다.

앞서 말했듯이 로마인들은 왕 자체를 혐오했다. 로마 공화정의 역사는 왕을 죽이는 것으로 시작하기에 세나투스조차도 영원히 독재하는 것은 왕이며, 왕을 죽이는 것은 로마인의 권리일 뿐만 아니라 의무라고 여겼다. 로마에서 왕의 존재를 설득하기란 거의 불가능했다.

때문에 로마에서는 왕이라는 개념을 정확히 정의하기가 어려웠다. 정권을 모두 잡고 왕과 같은 역할을 하더라도 결코 왕이라고 해서는 안 되었다. 로마에서 왕이 되겠다고 하는 자는 모두 죽임을 당할 수밖에 없었기 때문이다. 그리고 이는 이후 로마 제국의 모든 문제를 만들어내는 기점이 되었다고도 볼 수 있다.

이러한 상황에서 마리우스의 군사 개혁을 통해 편성된 직업 군인 제도에 치명적인 문제점이 발생한다. 국가를 위해 싸우는 시민 군인과 달리 직업 군인은 자신을 고용한 장군을 섬기게 되기 때문이다. 이는 추후 로마 제국에 일어나는 수많은 내전의 원인이 된다.

카이사르가 암살된 후 로마에서는 또 한 번의 정치적 내란이 생긴다. 카이사르의 양자, 훗날 아우구스투스Augustus로 칭송되는 옥타비아누스Octavianus(재위 BC 27~AD 14)는 안토니우스Marcus Antonius, 그리고 레피두스Marcus Aemilius Lepidus와 2차 삼두정치를 체결한다. 이는 1차 삼두정치와 달리 공인된 형태였다.

특히 안토니우스와 옥타비아누스는 후계자 자리를 놓고 권력 싸움의 경쟁자가 되었는데, 이후 안토니우스는 이집트로 가서 클레오파트라와 결혼하고, 옥타비아누스가 악티움^{Actium} 전쟁에서 승리하면서 기원전 27년 로마의 정권은 옥타비아누스의 차지가 된다.

그리고 이때 옥타비아누스는 로마에서 왕이라는 개념이 가진 한계와 맹점을 찾아낸다. 과거 딕타토르였던 술라나 카이사르처럼 결국 독재는 그 끝이 좋지 않았다는 것과 사실상 왕의 역할은 있을 수 있으나 로마 공화정에는 절대로 왕이 있을 수 없다는 것이었다. 이에 옥타비아누스는 아주 똑똑하게 개념 자체를 바꿔버린다.

로마는 장군들끼리 내전을 거치며 사실상 공화정의 껍데기만 가지고 있는 것이나 다름없었음에도 옥타비아누스는 결코 로마를 제국이라고 하거나 자신을 황제로 칭하지 않았다. 대신 공화국을 재건했다는 의미의 '뉴 리퍼블릭$^{new\ republic}$'이라고 명명한다.

이를 통해 로마는 여전히 공화정으로 존재했다. 그리고 황제도, 왕도, 독재관도 아닌 아우구스투스라는 새로운 이름을 만든다. 아우구스투스란 아주 오래된 라틴어로, 최고 존엄이라는 의미다. 아우구스투스는 실질적으로는 왕이지만 결코 왕이 아닌 왕이 된 것이다.

영화 〈스타워즈〉에는 이처럼 공화정이 제국으로 넘어가는 순간이 굉장히 잘 표현되어 있다. 영화에서 팰퍼틴 황제는 사회의 안전과 발전을 위해서 올드 리퍼블릭을 뉴 리퍼블릭으로 재건하 겠다고 하는데, 이는 곧 옥타비아누스가 한 말과 같다.

형식적으로 로마는 여전히 공화국이었고 왕도 황제도 아닌 아우구스투스만이 존재했다. 그러나 사실상 로마는 이제 황제 가 통치하는 제국이었다. 이때부터 로마에는 다이너스티dynasty, 즉 왕조가 생기기 시작한다.

황제의
최후는

죽음뿐이다

황제 시대의 개막

로마 제국 최초의 세습 왕조는 율리우스 가문과 클라우디우스 가문의 결합으로 탄생한 율리우스-클라우디우스Julius-Claudius다. 아우구스투스에게는 율리아Julia라는 외동딸만 하나 있었을 뿐, 아들이 없었다. 이에 대를 잇기 위해 율리아의 사위나 직계 손자에게 왕위를 계승하고자 했으나 이들도 모두 일찍 죽고 만다.

결국 세 번째 부인 리비아 드루실라Livia Drusilla가 전남편과 낳은 두 명의 아들 중 티베리우스Tiberius(재위 14~37)가 2대 황제에 오르게 된다. 리비아가 자신의 아들을 후계자로 삼으려고 율리아의 자녀들뿐만 아니라 아우구스투스의 친척들을 오랜 시간에 걸쳐 모두 독약으로 암살했다는 이야기가 전해지기도 한다.

티베리우스는 황제가 되었지만 황제에게 아첨하는 로마 제국보다 함께 토론하고 견제하던 로마 공화정을 그리워했다고 한다. 이에 정권은 잡고 있으면서도 카프리섬에 빌라 요비스Villa Jovis Capri라는 아주 멋진 집을 짓고 그곳에서 마지막 10년여를 은거한다. 빌라 요비스는 카프리섬에 여전히 그 유적이 남아 있다.

3대 황제인 칼리굴라Caligula(재위 37~41)는 여러 가지 만행 덕분에 냉혹한 역사적 평가를 받는 인물이다. 이를 두고 그가 황제 즉위 후 심하게 병을 앓은 뒤 정신 이상이 생겨 정상적인 판단을 내리지 못했었다는 이야기가 전해지기도 한다. 그가 절대 권력을 이용해 자신이 가장 좋아하는 말을 수상으로 임명했다거나 세넥스를 모아놓고 살인 협박을 했던 것 등의 일화는 지금까지 전해진다. 결국 국가 재정을 파탄시키고 참혹한 선정으로 민심을 잃은 그는 고작 3년 10개월 만에 암살당하고 만다.

칼리굴라는 거대한 권력과 부를 가졌으면서도 결코 만족하지 못했다. 아마 아무리 돈이 많고 맛있는 것을 먹어도 어느 순간은 더 이상 행복하지 않는다는 것, 따라서 유일하게 행복 지수를 계속 늘릴 수 있는 방법은 타인에게 불행을 주는 것이라는 사악한 행복의 공식을 깨달은 것이 아닌가 싶기도 하다.

4대 황제 클라우디우스Claudius(재위 41~54)는 칼리굴라 암살 당시 가문에서 유일하게 살아남은 인물이다. 말을 더듬고 한쪽 발을 질질 끄는 버릇 덕분에 경계에서 벗어나 살아남을 수 있었으나 역사가로서의 재능 등을 봤을 때 영리했던 사람이라 재평가받고 있다. 클라우디우스 역시 암살되었다고 전해진다.

1976년 제작된, 영국 BBC의 〈아이 클라우디우스I CLAVDIVS〉

는 이들 가문 이야기를 소재로 한 드라마로, 최고의 셰익스피어 배우들이 연기한 만큼 연극처럼 실감나고, 특히 리비아의 계략이 아주 잘 표현되어 있다.

다음 5대 황제 네로Nero(재위 54~68) 또한 가족을 살해하는 등 역사의 평가가 좋지 않은데, 특히 예술 분야에 광기가 있었다고 할 정도로 로마의 건축을 발전시키는 데 전력을 다했다. 특히 로마에 대화재가 발생했을 때 도시를 돌로 다시 짓게 하면서 자신이 머물 궁전인 도무스 아우레아Domus Aurea를 인공 호수, 정원, 숲 등으로 호화롭게 지었다.

당시 로마에는 200만 명의 시민들이 살았는데, 좁은 지역에 많은 사람들이 살다 보니 매우 지저분했다. 뿐만 아니라 하수도 시설 또한 잘 갖춰져 있지 않아 혼란은 말할 수 없이 심했다. 이에 당시 로마 귀족들은 로마 외곽 지역이나 아말피 해변가에 별장을 지어 생활했다. 그러나 네로는 황제인 자신이 로마 밖으로 나가는 것을 용납할 수 없었고, 이에 로마에 불을 질러 별장의 부지를 확보했다는 설도 전해진다.

도무스 아우레아는 황금 궁전이라는 의미로, 역사상 상당히 의미 있는 건축물이다. 기존 그리스 로마 양식을 모두 무시하고 호수의 정원은 헬레니즘 풍으로 꾸미는 등 후대의 예술가들에게 영감을 주기도 했다. 이처럼 네로는 예술적 지도자로서의 자질은 보였지만 황제로서의 평가는 결코 좋지 않았다. 결국 네로의 자살로 율리우스-클라우디우스 왕조는 막을 내린다.

왕위 둘러싼 로마의 전통

이제는 가문이 바뀐다. 네로의 죽음 후 내전을 통해 갈바^{Galba}(재위 68~69)를 위시한 세 명의 황제가 1년 동안 정권을 차례로 잡았으나 베스파시아누스가 최종 승리하며 플라비우스^{Flavius} 왕조를 창시한다. 베스파시아누스는 귀족 출신은 아니었으나 앞서 예루살렘을 정복했을 때 언급했듯이 그 능력은 뛰어났다.

베스파시아누스가 한 업적 중에 가장 유명한 것은 시민들의 원성을 샀던 도무스 아우레아를 모두 허물고 그 자리에 최초의 원형 경기장 콜로세움^{Colosseum}을 세운 것이다. 콜로세움의 아래에는 인공호수가 있었기에 사실상 해전 또한 가능했다. 이러한 시설은 오늘날에도 찾아볼 수 없는 것으로, 로마 시대 최대의 건축물이라는 타이틀로는 부족할 정도다.

그런데 베스파시아누스를 역사에서 더 유명하게 만든 것은 따로 있다. 바로 화장실 문화다. 당시 부유한 사람들을 제외하고 대부분의 사람들은 남녀가 함께 사용하는 공용 화장실을 사용했다. 지금도 유적으로 남아 있는 로마 화장실에 가보면 프라이버시는 생각할 수 없을 정도로 간격이 가깝고, 환기 또한 여의치 않았음을 알 수 있다. 또한 당시에는 화장지가 없었기에 도랑 사이로 계속 흐르는 물에 앞사람이 사용하고 남긴 막대기 스폰지 테르소리움^{tersorium}을 헹궈 받아 쓰는 진정한 '공유 경제'를 실현했다. 이러한 상황에서는 전염병이 발생하지 않는 것이 오히려 이상해 보인다.

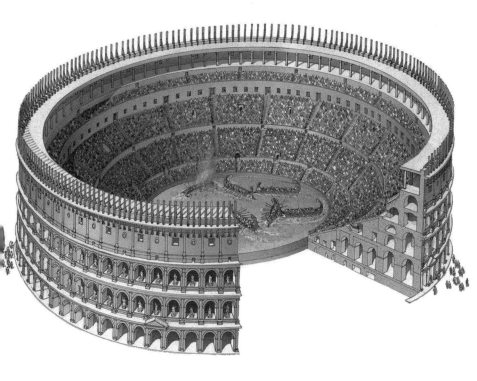

해전이 가능했던 콜로세움

로마의 공용 화장실(위)과 테르소리움(아래)

이러한 공용 화장실은 원래 베스파시아누스 전까지만 해도 무료였다. 베스파시아누스는 재정을 꼼꼼하게 관리한 것으로 알려져 있는데, 그에 의해 화장실 사용료가 처음으로 징수된다. 그리고 이러한 전통은 지금까지 이어져, 여전히 유럽에서는 화장실 사용료를 받는다. 이를 두고 아들 티투스Titus(재위 79~81)가 비난하자 베스파시아누스는 "돈에서는 냄새가 나지 않는다Pecunia non olet"는 유명한 말을 남기기도 했다. 이는 오늘날까지 관용적인 표현Money does not stink으로 사용된다.

베스파시아누스 이후 100~150년 동안 로마는 전성기를 이룬다. 이때도 로마는 법적으로 여전히 제국이 아니었다. 아우구스투스라는 최고 통치자는 있으나 황제 또한 없었다. 세나투스는 공화정의 형식상 남아 황제의 말을 따르고 있을 뿐이었다. 이처럼 로마가 형식상 왕정을 부정할 수 있었던 것은 세습이 없었기 때문이었다. 왕정의 핵심은 아들이 정권을 잡는 것이지만 이때도 세습만은 결코 허용되지 않았다. 그러다 보니 모든 황제들의 후계자는 아들이 아닌 가장 능력이 있는 사람이 되었다.

그러나 그냥 능력 있는 사람을 후계자로 삼을 경우 반란의 위험이 있기에 황제들은 능력 있는 사람을 양아들로 삼았다. 따라서 로마 전성기 때의 황제들은 모두 혈연관계가 아니다. 유일하게 아버지가 아들에게 물려줬던 경우가 티투스인데, 티투스의 경우는 거의 공동 황제를 했다고 이야기할 수 있는 정도였기에 전통은 계속해서 유지되었다고 할 수 있다.

로마의 평화를 깨뜨리다

그러나 이러한 전통도 네르바-안토니누스^{Nerva-Antoninus} 왕조의 마르쿠스 아우렐리우스^{Marcus Aurelius}(재위 161~180) 황제에 의해 처참히 깨지고 만다. 아우렐리우스는 그의 책 『명상록』으로 더욱 유명한데, 인생에 관한 성찰을 담은 책이라고 알려져 있으나 개인적으로는 후한 평가를 주고 싶지 않다.

아우렐리우스는 능력 있는 사람을 후계자로 삼았던 전통을 깨고 아들을 황제로 삼았다는 점에서 그 무엇보다 큰 실수를 한 사람이기 때문이다. 마르쿠스 아우렐리우스의 아들 코모두스^{Commodus}(재위 180~192)는 그렇게 로마의 전통 깨뜨리고 다음 황제가 된다.

네르바-안토니누스 왕조의 황제들 중 몇몇을 살펴보면 먼저, 트라야누스^{Traianus}(재위 98~117)는 로마 전통에 따라 네르바^{Nerva}(재위 96~98)의 양아들이 되어 황제로 즉위한다. 그는 로마 역사상 전쟁 능력이 가장 뛰어났던 사람으로 볼 수 있는데, 그가 통치하던 시기에 로마 제국은 가장 팽창한다. 이에 네르바부터 아우렐리우스까지 로마가 가장 번성할 시기의 다섯 명의 황제를 두고 오현제五賢帝라 부르기도 한다.

트라야누스 또한 건축에 조예가 깊었는데, 아폴로도로스^{Apollodoros}라는 유명한 건축가를 통해 로마에 다양한 건축물을 세웠다. 트라야누스의 포룸, 트라야누스의 시장 등 오늘날 역사적으로 알려진 건축물 대부분은 트라야누스와 아폴로도로스가

트라야누스의 시장

건설한 것이다.

그중 건축적으로 가장 혁신적 것은 아마 트라야누스의 시장일 것이다. 다행히 유적이 남아 있어 지금도 볼 수 있는데, 역사상 최초의 실내 쇼핑몰이다. 직선인 골목이 거의 없고 꼬불꼬불한 길을 따라 위로 올라가게 되어 있다.

그다음 황제 하드리아누스Hadrianus(재위 117~138)가 역사적으로 유명한 것은 크게 두 가지다. 트라야누스의 팽창주의 대신 하드리아누스의 벽이라고 불리는 성벽을 지어 제국의 보호와 안정화를 추구한 것과 그의 동성 연인 안티노우스Antinous와의 러브 스토리다.

하드리아누스는 여행을 좋아해 21년의 재위 기간 동안 계속해서 제국을 돌아다녔는데, 그 결과 로마가 도저히 통치할 수 없는 수준으로 커졌다는 결론을 내린다. 영원한 팍스 로마나를 유지하기 위해서는 더 이상 제국의 팽창이 아닌 제국의 보존에 집중해야 한다고 생각한 그는 트라야누스 황제가 정복한 다키아Dacia, 오늘날 루마니아의 영토를 다시 포기하고 스코틀랜드, 라인강, 도나우강, 페르시아, 사하라사막을 로마의 국경으로 삼고 제국의 방어력을 높이는 데 주력한다.

이는 상당히 현명한 결정 같지만 추후에 큰 문제가 된다. 로마 직업 군인들의 급여와 나라 전체의 생산력 저하 문제가 발생한 것이다. 당시 로마는 세상에서 가장 부유한 제국임에도 현대사회와 비교할 만한 거대 공업과 산업이 없었다. 증기기관도,

대형 제철소도 물론 없었으니 생산성은 상당히 낮았다. 더구나 로마 시민 중에서 생산을 해야 하는 남자 성인의 10퍼센트 정도는 항상 전쟁을 위해 나가 있으니 그 손실은 상당히 컸다.

결국 직업 군인들의 급여 문제가 대두한다. 목숨을 담보할 수 없는 전쟁터에 나가면서 급여를 미룬다는 것은 군인들에게 반란의 이유가 되기에 충분했다. 앞서 언급했듯이 포풀라레스 정치인 마리우스는 전쟁 참여 때문에 몰락하던 중산층 로마 시민들의 문제를 해결하고자 직업 군인 제도를 도입했다.

하지만 애국심과 명예를 위해 싸우던 시민 군인과 달리, 직업 군인 유지에는 막강한 국가 예산이 필요했다. 이에 처음에 로마 황제들은 당장의 급여 대신 의식주를 해결해주고 대신 직업 군인으로서의 20년의 임기를 마친 후 퇴역할 때 퇴직금을 주겠다고 약속한다.

그러나 이는 임시방편에 불과했다. 생각보다 많은 수의 군인들이 퇴직을 하게 되어 재정에 상당한 문제가 생기고 만다. 오늘날 19세기 프로이센^{Preussen}의 수상 비스마르크^{Otto von Bismarck}에 의해 시작된 사회 보장 제도가 평균 수명이 늘어나며 문제가 되고 있는 것처럼 말이다.

결국 로마 황제들은 퇴직금을 돈이 아닌 토지로 주겠다는 묘책을 다시 짜낸다. 군인들에게는 거리낄 것이 없는 결정이었다. 당시는 모두 농사를 지었으니 40세 정도에 은퇴한 후 농부가 되는 것은 생활에 아무런 지장이 없었다.

국가 입장에서도 제국은 계속해서 팽창하기에 토지가 부족할 일도 없었다. 최근 정복된 영토들은 오랜 전쟁 덕분에 대부분 황무지로 변했을 테니, 그곳에 은퇴한 군인들을 모아다가 콜로니아Colonia 도시를 만들어주고 그곳에 살던 사람들을 노예로 삼으면 연금 문제와 노예들의 반란 문제까지 한 번에 해결할 수 있었다. 로마 제국의 직업 군인들은 이렇게 복역 기간에는 전쟁터에서 군사로, 그리고 은퇴 후에는 '베테랑veteran'이라 불리는 퇴역 군인이자 농부로서 새로운 도시 설립에 참여한다.

그런데 하드리아누스가 제국의 팽창을 중단하면서 은퇴한 군인들에게 지급할 새로운 땅이 더 이상 창출되지 않기 시작한다. 퇴역 군인들에게 줄 만한 새 토지가 모자라고, 퇴직금 대신에 농사가 불가능한 황무지나 인플레이션으로 가치가 급락할 화폐를 받은 군인들의 불만은 상상하기 쉽다.

무의미해진 퇴직금 대신 새로운 자금이 필요해진 로마 제국의 직업 군인들. 그들은 추후 황제의 암살과 새 황제의 대관이 바로 그들의 재정적 문제를 해결해줄 수 있다는 사실을 인식한다. 하드리아누스의 보호주의는 그렇게 퇴역 군인의 처우 문제와 맞물려 로마 제국의 멸망을 이끄는 요인이 된다.

하드리아누스는 그리스 문명을 굉장히 좋아했다고 알려져 있는데, 그의 외모에서도 이 점을 발견할 수 있다. 그리스와 로마인들을 외모로 구분 짓는 가장 큰 특징은 바로 수염이다. 남아 있는 그리스 로마 유적을 보면 그리스인들은 철학자처럼 수

빌라 아드리아나

염을 기르고 있었던 것을 알 수 있는데, 하드리아누스는 워낙 그리스 철학을 좋아했기에 황제 중에 제일 먼저 수염을 길렀다. 물론 당시에는 비웃음의 대상이 되었지만 하드리아누스 이후로는 황제들도 수염을 기르기 시작했다.

또한 본성이 그랬는지는 모르겠으나 하드리아누스는 그리스 철학자들 사이에서 횡행했던 동성연애도 한다. 그 대상이 바로 안티노우스라는 그리스 청년인데, 그 외모가 뛰어났다고 알려져 있다. 안티노우스는 결국 이집트에서 나일강에 빠져 죽는데, 이를 두고 사고사, 암살, 자살이라는 세 가지 설이 전해진다. 하드리아누스는 안티노우스가 죽은 뒤 그를 신격화해 로마 제국 모든 도시와 집에 안티노우스 동상을 놓도록 명한다. 그 결과 안티노우스 동상은 오늘날 그리스 로마 시대 동상 중에 가장 많이 남아 있다.

또한 하드리아누스는 은퇴하기 전 로마 제국을 여행하며 본 예술품과 건축물을 모방해 티볼리 근처에 빌라 아드리아나Villa Adriana 별장을 짓는데, 그곳에 안티노우스 신전을 가장 크게 세운다. 이를 소재로 프랑스 작가 마르그리트 유르스나르Marguerite Yourcenar는 하드리아누스의 일기를 가상으로 재구성한 소설 『하드리아누스 황제의 회상록』을 쓰기도 한다.

하드리아누스 이후 로마는 안토니누스 피우스Antoninus Pius(재위 138~161) 황제와 아우렐리우스까지 평화의 시대를 유지하다가 코모두스에 이르러 패망의 전조를 비치게 된다.

제국은 쉽게

무너지지
않는다

3세기 로마, 절체절명의 위기

로마는 3세기에 이르러 절체절명의 위기에 처한다. 2세기의 세베루스Severus 왕조까지는 그런 대로 잘 유지되었지만 고르디아누스Gordianus 왕조에 이르러 혼란은 가중된다. 235~284년에 로마에는 무려 26명이나 되는 황제가 있었으며, 대부분은 6개월 이상 재위하지 못했다. 21일 만에 목숨을 잃은 황제도 있었다. 3세기 로마는 크게 세 가지 문제에 처해 있었다.

첫째, 후계자 선정 규정이 없었다. 로마 제국은 태어날 때부터 큰 비밀을 하나 가지고 있었다. 바로 후계자를 뽑는 규정이 없다는 것이다. 공화정은 투표를 통해 선출하고 왕정은 세습되는 것인데 로마 제국은 공화정도, 왕정도 아니었기에 양자를 후계자로 정해왔으나 그마저도 아우렐리우스에 의해 깨져버린다.

둘째, 황제 자리의 권위가 실추되었다. 황제 선정의 규정이 없다는 것은 권력만 있으면 누구나 황제가 될 수 있다는 것을 의미했다. 결국 코모두스가 암살된 후에 한동안 로마의 황제 자리가 비어 있자 장군들은 로마 황제의 자리를 돈으로 넘겨주기에 이른다. 황제 자리의 정통성이 바닥에 떨어진 것이다.

셋째, 직업 군인들의 보상 문제가 발생한다. 앞서 말했듯이 하드리아누스 이후로는 제국의 팽창이 막히면서 군인들에게 퇴직금으로 보상할 토지가 부족해진다. 이에 로마 황제들은 전쟁에서 승리한다거나 새로운 황제가 즉위할 때 등 특정한 경우에 1년의 급여에 해당하는 돈을 지급하기로 약속한다. 보통 한 명의 황제가 10~20년을 다스렸기에 처음에는 무리한 조건이 아니었다.

그러나 3세기에 이르러 이는 걷잡을 수 없는 결과를 초래한다. 황제의 교체가 곧 경제적인 혜택으로 돌아오게 된 것이다. 이에 로마에서는 끊임없는 반란이 일어난다. 결국 로마는 당장 오늘의 문제를 풀기 위해 먼 미래를 내다보지 못했고, 그렇게 시작된 로마의 혼란은 100년 가까이 지속된다. 로마의 풍부한 인프라도 100년 동안의 내전 앞에 모두 파괴되고 만다.

당시 필리푸스Philippus(재위 244~249) 황제의 동상에서 황제로서의 위엄과 권위는 결코 찾아볼 수 없다. 그의 얼굴에는 걱정과 근심만 가득할 뿐이다. 왜 황제가 이러한 얼굴을 하고 있는지, 국가의 프로파간다propaganda라 할 수 있는 황제의 모습을 왜

필리푸스 황제의 동상

이렇게 만들었는지는 아직까지 의문이다.

앞서도 말했듯이 로마가 세상을 정복한 것은 로마 군인 개개인의 전투력 때문이 아니었다. 로마는 시스템, 무기, 전술이 훌륭했고 이를 가능하게 한 인프라 또한 갖추고 있었다. 덕분에 로마는 누구보다 회복 탄력성이 좋았다. 그러나 계속되는 내전으로 전술을 구사할 훌륭한 인재들은 각기 흩어지고 이에 따라 생산성도 줄어드는 등 로마 제국의 핵심적인 장점들이 점차 사라지기 시작한다. 결국 로마는 몇 백 년 만에 처음으로 전쟁에서 패하기 시작한다.

그러나 로마인들은 이때까지도 패전의 이유를 찾지 못했다. 지금 우리는 로마가 가진 시스템의 강점을 알지만 고대인들은 그러한 개념 자체를 알지 못했다. 이에 용맹함이나 믿음 등 개인적인 것에서 그 원인을 찾아 신에게 의지하는 방향으로 흘러가고 만다. 로마에는 결국 사이비 종교까지 횡행하기 시작한다.

이때 로마가 페르시아의 사사니드^{Sassanid} 왕조 샤푸르 1세 ^{Sapur I}(재위 241~272) 황제에게 패한 뒤 겪은 수모는 아직까지도 벽화로 전해진다. 벽화에 등장하는 두 명의 로마 황제는 앞서 말한 필리푸스와 발레리아누스^{Valerianus}(재위 253~260)다.

필리푸스는 돈을 지불하고 겨우 풀려나 로마로 다시 도망가지만 발레리아누스는 결국 포로로 잡히는데, 이로써 로마 역사상 처음으로 로마 황제가 적군에게 인질로 잡히는 모욕적인 사건이 벌어진다. 발레리아누스는 이후로도 10년을 더 살며 샤푸

페르시아의 포로가 된 로마 황제

르 1세의 말받이 역할을 하는 등 치욕적인 삶을 살았으며, 사후
에도 박제되어 페르시아 왕실에 전시되어 있었다고 전해진다.

고유의 정체성을 상실하다

100년 동안 로마 사회는 급속도로 변하기 시작한다. 우리가 지
금 알고 있는 로마는 3세기 위기 전의 로마로, 이후 일어난 로마
의 변화는 외적인 것을 넘어 로마라는 제국의 정체성 자체가 흔
들리기 시작했다는 것을 보여준다. 로마에는 크게 세 가지 변화
가 일어난다.

첫째, 로마 군인의 복장이 변한다. 겉으로 보기에는 크게 다
른 것 같지 않지만 성능에 엄청난 차이가 생긴다. 로마 군대의
가장 핵심적인 무기 중의 하나는 로리카 세그멘타타lorica segmentata
라는 값비싼 판갑옷으로, 철판 여러 조각을 이어서 만든 형태인
만큼 몸을 보호하기에 굉장히 튼튼했다. 대신 한번 전쟁을 치르
고 나면 잘 망가진다는 단점 때문에 매번 공장에서의 수선이나
교체가 필요했다. 물론 로마가 번성할 시기에는 언제든 다시 제
작하면 되었기에 이점은 문제가 아니었다.

그러나 국가의 시스템이 총체적으로 무너지기 시작하자 성
능은 조금 떨어지는 대신 잘 고장 나지 않는 사슬 갑옷, 로리카
하마타lorica hamata를 입기 시작한다. 이 경우 방어력이 떨어지는
대신 전투 중에도 쉽게 고칠 수 있었다. 헬멧이나 방패 또한 조
금 더 값싼 것으로 바뀐다. 당시의 황제들은 소소한 하나의 변

화로 큰 차이가 나지 않을 것이라 생각했겠지만 이들이 모여 로마 군대 전체의 전투력은 떨어지기 시작한다.

둘째, 개인들의 복장이 변하기 시작한다. 그전 로마인들은 튜닉tunic이나 키톤chiton처럼 치렁치렁하게 늘어지는 옷을 입었으나, 100년에 가까운 내전을 치르며 일반 사람들의 복장도 전쟁에 맞는 간편한 차림으로 군사화되기 시작한다. 로마의 남자들이 이때부터 더 이상 치마가 아닌 바지를 입기 시작하자, 국가에서는 바지를 입지 말라는 금지령을 내리기도 한다. 이는 곧 국가에서 규제할 만큼 많이 입었다는 의미다.

또한 자식들에게 야만족 이름을 지어주는 것을 금지한다. 그전에는 로마 이름 자체가 자부심의 상징이었지만, 전쟁에서의 패배가 계속되자 이제 아들에게 게르만족이나 페르시아의 이름을 지어주기 시작한다.

원래 인간은 자신이 동경하는 대상을 우상화하고 따르게 되어 있다. 현재 우리나라의 외래어 사용 비중이 높은 것도 모두 같은 이유다. 이름 역시 바지와 마찬가지로 관련 금지령이 있었다는 것 자체가 반대급부가 높았다는 것을 보여준다.

셋째, 건축 양식이 변한다. 본래 그리스 로마의 건축 양식은 화려한 외관이 특징이었으나, 3세기의 위기가 도래하면서 건물들의 벽이 두꺼워지고 그 안을 요새처럼 감싸는 형식의 건축물이 등장하기 시작한다. 더욱 튼튼하고 실용적인 방향으로 바뀐 것이다.

실용적인 형태로 변한 로마의 건축

역사는 아직 끝나지 않았다

많은 사람들이 로마는 사실 3세기에 망했어야 했다고 이야기한다. 전쟁에서의 계속된 패배와 황제의 급속한 교체, 국가 재정의 파탄 등 로마는 거의 멸망한 것이나 다름없었다. 그러나 로마가 결코 평범한 제국이 아니었음이 다시 증명된다. 로마는 다시 위기를 극복하기 시작한다.

3세기 로마의 장군이었던 디오클레티아누스Diocletianus(재위 284~305)는 이전의 황제들처럼 전임 황제의 경호 대장이었다가 그가 죽은 뒤 황제로 즉위한다. 이를 두고 디오클레티아누스가 전 황제 누메리아누스Numerianus(재위 283~284)를 해한 것이라고 보는 시각도 있다.

디오클레스Diocles라는 이름으로 오늘날 크로아티아에서 태어난 그는 아마 콜로니아 출신의 은퇴한 직업 군인의 아들이었을지도 모른다. 3세기 제국 변두리 콜로니아에서 태어난 그의 삶은 그다지 희망적이지 않았다. 언제 야만족들이 침략할지 모르고, 수많은 황제들과 가짜 황제들의 군인들 역시 두려워해야 했다. 직업도, 기회도, 미래도 없던 3세기 로마 제국의 콜로니아. 디오클레스의 유일한 희망은 그 역시 직업 군인으로 출세하는 것이었다.

원래대로라면 디오클레티아누스 또한 이전의 다른 황제들의 운명과 다를 것이 없었다. 짧게는 몇 달, 오래 버텨도 몇 년 후면 다음 황제에게 암살당할 것이 뻔했다. 그러나 디오클레티아누스는 달랐다. 이전의 황제들은 수십 년 동안 같은 방식으로 왕권이 교체되는 것을 보면서도 이로부터 배운 것이 없었다. 전임 황제는 겨우 몇 달 통치하고 암살당했지만 나는 오래 버틸 수 있다는 막연한 믿음만 가지고 있었다.

그리고 어떻게 보면 이러한 사고의 과정이 인간들에게는 훨씬 자연스러운 것이기도 하다. 오늘날의 자영업자들의 상당수가 실패의 고배를 마시지만, 새로 자영업을 시작하는 상당수의 사람들 또한 본인만은 망하지 않을 것이라고 생각한다. 또 교수의 절반 이상이 본인이 나머지 절반보다 훨씬 더 강의를 잘한다고 생각하고, 운전자의 상당수도 본인이 과반수보다는 운전을 더 잘한다고 생각한다.

착각은 인간의 본능이다. 이를 심리학에서는 조명 효과^{spot-light effect}라고 하는데, 우리는 항상 스스로가 다른 사람보다도 잘하고 다른 사람이 이러한 나에 대해 실제 이상으로 관심을 갖고 있다고 믿는다.

이는 분명 고대에도 다르지 않았다. 로마의 황제들도 나만은 아니라고 생각했던 듯하다. 오로지 디오클레티아누스만 처음으로 자신을 현실적으로 봤다. 황제가 처한 현실을 냉철히 보고 문제를 인식하기 시작한 것이다.

과거를
동경하는
자에게

미래는 없다

테트라키, 3세기 위기의 해답

디오클레티아누스는 3세기 황제들 중 최초로 로마 위기의 원인에 대해 고민하기 시작한다. 과거에 전승을 이어가며 전 세계를 통치하던 로마가 70~80년에 이르는 동안 혼란을 겪고 있는 이유가 무엇일지 생각한 것이다. 그리고 마침내 문제의 핵심을 파악하고, 매우 파격적인 해결책 세 가지를 찾아낸다.

첫째, 로마 제국을 동로마와 서로마로 분할한다. 하드리아누스처럼 디오클레티아누스 또한 로마 제국의 방대한 영토가 정보 교환이나 야만족들과 관련해 문제가 있다는 것을 인식한다. 이에 로마를 동로마와 서로마로 분할해 통치하기에 이른다. 그리고 동로마의 황제는 자신이 맡고 서로마의 황제는 같은 고향 출신이자 믿을 만한 부하인 막시미아누스Maximianus(재위 286~305)에게 맡긴다.

둘째, 후계자 선정 절차를 규정화한다. 로마는 왕정이 아니기에 아들에게 왕위를 계승할 수도 없고, 공화정도 아니었으므로 투표를 할 수도 없었다. 때문에 다시 로마 제국의 초창기처럼 양자에게 왕위를 물려주되 이를 규정화하는 방식을 적용한다. 그전까지는 특별한 기준 없이 황제에 의해 결정되었다면 이제 황제를 네 명으로 나눠 이를 시스템화하자고 한 것이다. 이것이 바로 네 명의 황제들이 통치하는 4두頭 정치, 즉 테트라키tetrarchy다.

테트라키는 동로마, 서로마에 각각 정제인 아우구스투스Augustus와 부제인 카이사르Caesar가 있어 총 네 명의 황제들이 로마 제국을 통치하는 형태다. 그리고 동로마와 서로마의 부제로 각각 갈레리우스Galerius(재위 293~311)와 콘스탄티우스Constantius(재위 293~306)를 임명한다.

이러한 테트라키는 통치를 조금 더 수월하게 할 수 있다는 것을 넘어 후계자 선정을 위한 기초가 되는데, 즉 정제가 죽으면 부제가 이를 이어 정제의 자리에 오르고, 새로운 사람이 다시 부제의 자리에 오르는 방식이다. 그리고 만약 정제가 계속해서 통치할 경우 20년 후에는 은퇴하도록 했다.

이를 통해 한 명의 황제만 무너뜨리면 바로 황제로 즉위할 수 있었던 문제가 해결되었다. 뿐만 아니라 황제가 죽더라도 나머지 황제들에 의해 차단되기에 반란을 일으키는 것 또한 어려웠다. 또한 디오클레티아누스는 3세기의 위기를 잠식시키려면,

디오클레티아누스 황제

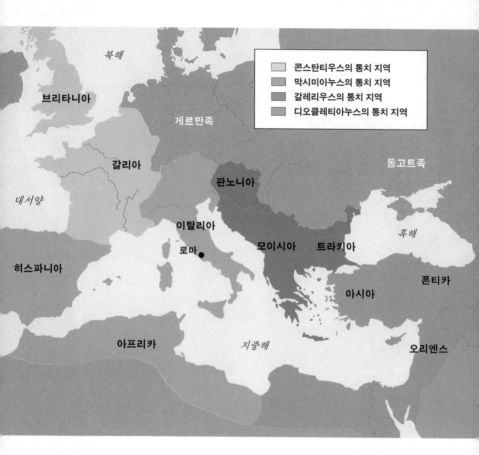

테트라키에 의한 로마 제국의 통치

즉 황제에 대한 반란을 막기 위해서는 황제가 인간이 아니라는 믿음을 심어주기 위해 황제를 신성화하기 시작한다.

셋째, 시장의 안정화를 위해 가격을 통제한다. 그러나 시장을 권력으로 통제하려 한 발상은 대단히 위험한 것이었다.

멈춰지지 않는 로마의 혼란

100여 년의 내전을 겪으며 로마 경제는 더욱 피폐해져갔다. 전쟁이 지속되는 만큼 군인들의 숫자는 더욱 증가할 수밖에 없고, 늘어난 군인들에게는 그만큼 많은 임금을 지불해야만 했다. 계속된 전쟁으로 생산성은 정체하거나 더 줄었지만 국가 재정의 지출은 더욱 늘어만 갔다.

이에 로마 황제들은 기발한 방법을 찾아낸다. 주화의 일부를 깎아내거나 값이 떨어지는 다른 합금을 섞는 등의 방법을 통해 액면가를 변경하지 않고도 주화의 은 함량을 줄여 은화를 더욱 많이 공급한 것이다. 화폐의 가치 하락이 물가에 어떠한 영향을 미칠지는 전혀 예상하지 못한 채로 말이다. 결국 인플레이션inflation이 일어난다. 액면가는 같은 돈이라도 그 가치는 떨어져, 같은 돈으로도 예전과 같은 물건을 살 수 없었다.

오늘날과 크게 다르지 않은데, 다만 이때는 어느 누구도 인플레이션의 거시 경제적 메커니즘을 이해하지 못했다. 원리와 원인을 이해하지 못했지만, 제국을 살려야 하는 디오클레티아누스. 그는 자신이 할 수 있는 최선, 아니 그가 오랜 군대 생활을 통해 알고 있던 유일한 방법을 택한다: 바로 명령과 처벌이었다. 그는 301년에 1000여 개의 상품과 업무에 대한 최고가를 설정하는 칙령을 발표한다.

디오클레티아누스는 간 콩 100데나리우스denarius, 갈지 않은 콩 60데나리우스, 수의사의 동물 발굽 손질 한 마리당 6데나리우스 등의 최고가를 정해 인플레이션을 바로잡고자 한다. 그러면서 군인들이 몇 가지의 물품을 사는 것만으로 그들의 임금 모두가 탕진될 정도이며, 장사치들이 자신들의 이득만 챙겼기에 국가가 개입할 수밖에 없는 것이라고 그 이유를 덧붙인다. 그러나 이러한 식의 개입은 시장에서 수요와 공급의 곡선이 일치하는 자연스러운 원리를 무시한 것이었다.

예를 들어 바닷가가 있는 이탈리아와 대륙에 있는 파리에서의 생선 가격은 절대 같을 수 없다. 적어도 파리에서 생선을 팔기 위해서는 먼 곳에서 가져오는 운반비가 추가적으로 드는 것은 당연하다. 그러나 무조건적인 가격 통제는 자연스러운 시장의 원리를 무너뜨렸고, 결국 생산과 공급은 중단된다. 한 순간에 시장은 완전히 얼어버린다.

영국 정치 경제학자 애덤 스미스Adam Smith가 이야기한 '보이지 않는 손'의 통찰이 바로 그것이다. 자신의 이익을 추구하려는 열정은 사회 전체의 이익으로 이어진다. 각자가 자신의 혜택을 위해서 하는 행동이 결국 적정가격을 형성하고 이러한 과정을 통해 시장은 유지될 수 있다. 그러나 이를 권력으로 통제하려고 한 결과는 뻔했다. 디오클레티아누스의 재정 개혁은 결국 실패한다.

후계자 정책 또한 이후에 실패의 수순을 밟는다. 디오클레티아누스는 아들이 없었기에 은퇴 후 후계자 규정에 따라 황제 자리를 물려줄 수 있었지만 나머지 황제들에게는 모두 능력 있는 아들이 있었다. 콘스탄티우스에게는 콘스탄티누스 1세 Constantinus I(재위 306~337), 막시미아누스에게는 막센티우스Maxentius (재위 306~312)가 있었다.

본래 테트라키의 의도는 부제가 정제의 자리로 올라간 후 완전히 새로운 사람이 부제의 자리로 오는 것이었지만 여기저기에서 반론이 일기 시작한다. 아버지가 황제가 되었으니 당연히 아들로서 부제의 자리를 이으려는 움직임이 일어난다. 세습을 막기 위해 만든 제도 안에서도 똑같은 문제는 다시 발생하고 만다. 황제는 결코 왕이 아님에도 모든 행동과 명령은 왕과 다르지 않았기에 이들에게는 세습이 당연하게 여겨졌다. 이에 콘스탄티누스 1세와 막센티우스의 내전 끝에 테트라키는 무너지고 콘스탄티누스 1세는 최종 승자가 된다.

디오클레티아누스는 로마 황제로서는 유일하게 20년 임기를 마치고 은퇴를 한다. 그리고 은퇴하면서 고향과 가까운 오늘날 크로아티아의 스플리트에 별장을 짓는데, 사실 오늘날 많은 관광객들에게 사랑받는 스플리트 구도시 자체가 그의 별장이었다고 할 수 있다.

디오클레티아누스 별장

산타 마리아 데글리 안젤리

또한 디오클레티아누스는 로마 제국 최고 크기의 목욕탕을 건설한다. 3000여 명을 동시에 수용할 수 있었다고 하니 그 크기를 짐작하기 어려울 정도다. 대부분 유실되고 오늘날에는 중앙 부분만 볼 수 있는데, 폐허로 남아 있던 곳을 르네상스 때 미켈란젤로가 성당으로 탈바꿈했기에 가능했다. 오늘날에도 유명한 산타 마리아 데글리 안젤리Santa Maria degli Angeli가 그곳이다.

새로운 로마, 콘스탄티노플

콘스탄티누스 1세는 디오클레티아누스의 다양한 개혁 중 동로마와 서로마의 분할 정책 단 하나만 남기고 모두 폐기한다. 그리고 역사상 큰 전환점이 된 여러 가지 개혁을 시행한다.

첫째, 313년 밀라노 칙령Edictum Mediolanense을 발표해 기독교를 받아들이고 정식 종교로 채택한다. 아마 독실한 기독교인이었던 어머니의 영향 때문인 것으로 보인다. 그렇게 역사상 가장 강력했던 디오클레티아누스의 기독교 박해 역사는 종식된다.

앞서 말했지만 당시 로마인들에게는 전 세계를 호령하던 로마가 왜 3세기의 위기를 맞았는지에 대한 본질적인 의문이 있었다. 이에 콘스탄티누스 1세는 이를 신에 대한 개인적인 믿음의 약화로 해석해 새로운 믿음인 기독교를 받아들인 것으로 보인다. 그러나 당시 로마 내의 기독교 신자들이 5퍼센트도 안 되었던 것에 비해 세나투스는 전부 그리스 로마 정교였기에 정치적인 문제는 여전히 있었다.

둘째, 수도를 콘스탄티노플Constantinople로 옮긴다. 새로운 로마를 만든 것이다. 이곳은 오늘날 이스탄불에 해당하는 지역으로, 지형적으로 최적의 위치에 있었다. 계획적으로 만들어진 도시가 아니었던 로마는 방어하기에 상당히 애매모호한 위치에 있었지만 콘스탄티노플은 계획 신도시인 만큼 모든 요소를 고려해서 유럽과 아시아의 중앙, 지중해와 흑해의 중앙이라는 동서남북으로 가장 중요한 네 군데의 핵심에 위치를 선정했다.

이곳이야말로 유럽과 아시아를 동시에 통치할 수 있고, 지중해와 흑해의 무역을 장악할 수 있는 가장 좋은 위치였던 것이다. 더구나 콘스탄티노플은 삼각형 모양이라 성벽을 한쪽에만 쌓으면 되었기에 방어하기에도 아주 적합했다.

그럼에도 로마가 콘스탄티누스 1세 때 멸망의 길을 향해 가고 있었다는 것을 보여주는 증거를 여기저기에서 찾아볼 수 있다. 특히 콜로세움 옆에 자리한 콘스탄티누스 1세의 개선문을 보면 로마의 문명적인 쇠락이 시작되었다는 것을 알 수 있다. 개선문에 있는 수많은 조각 중에 새로 만든 것은 찾아보기 힘들 정도다. 여기에서 가장 멋있는 조각은 다 이전 시대의 것이다. 모두 트라야누스와 하드리아누스, 아우렐리우스 시대 때의 기념물 장식을 떼어와 개조해서 사용한 것이다.

이제 서서히 로마의 성격이 바뀌기 시작한다. 이전의 로마인들은 항상 미래를 더 좋은 것으로 인식하고, 더 잘 살기 위해 오늘의 문제를 풀어야 한다고 생각했다. 그러나 이때부터 과거

흑해

유럽

아시아

● 콘스탄티노플

지중해

정복과 무역에 용이한 콘스탄티노플

가 더 훌륭했다는 생각이 대두되기 시작한다. 로마는 그리스 로마 문명의 한 가닥이었다. 페르시아라는 당시 최고의 슈퍼 파워를 물리치며 시작된 고대 그리스인들의 철학은 '인간은 할 수 있다'로 간추릴 수 있다.

레반트 대부분 문명들이 신에 대한 막연한 두려움과 믿음을 가지고 있었다면, 그리스는 개인의 능력과 주도권을 중요시 생각했다. 물론 그리스 문명에서 '운명'의 역할을 무시할 수는 없다. 클로토Clotho, 라케시스Lachesis, 아트로포스Atropos라는 세 명의 모이라이moirai, 즉 운명의 여신들이 인간의 미래를 좌우한다고는 생각했지만, 그것은 신화일 뿐이었다.

호메로스가 노래한 '와인같이 어두운' 바다를 건너 소아시아, 이탈리아, 그리고 남프랑스 해안에까지 도시를 세운 그리스 이오니아인Ionian들은 종교보다는 자신의 대항해 능력과 경험을 믿었을 것이다. 그러한 그리스 문명을 이어받은 로마인들의 야심과 야망 역시 끝이 없었다.

당시 알려진 유럽, 아시아, 아프리카 모든 영토와 문명을 굴복시키고, 오디세우스가 10여 년 넘게 고향 이타카Ithaca를 향해 떠돌던 지중해를 본인들의 작은 호수로 만들어버린 로마인들. 그들에게 오늘은 어제보다 좋았고, 내일은 오늘보다 더 뛰어날 것이라는 믿음은 언제나 확신에 가득찰 수밖에 없었다.

베스파시아누스의 콜로세움, 트라야누스의 광장과 시장, 하드리아누스의 별장. 모두 영원할 것 같은, 아니 영원할 수밖에 없는 로마 제국을 찬양하는 듯했다. 팍스 로마나는 팍스 에테니카, 영원한 제국이었던 것이다.

하지만 3세기 혼란, 그리고 디오클레티아누스와 콘스탄티누스 1세의 국가 재건은 로마인들에게 질문을 던졌다. 운명은 정말 영원히 로마 편에 선 것일까? 아카디아, 아시리아, 바빌로니아, 이집트, 페르시아… 인류 역사 수많은 제국들과 같이 로마 역시 결국 사라지지 않을까? 특히 410년 게르만 반달족Vandal의 로마 함락은 상상을 초월하는 충격이었다.

1000년 전 켈트족에게 함락된 후 단 한 번도 점령당한 적 없는 로마. 영원한 제국의 영원한 수도 로마가 함락되다니! 로마가 함락되고 사라진다면 이 세상 그 어느 것도 영원한 것은 없어 보였다. 인류 역사에 필연적일 것 같았던 로마 역시 하나의 도시에 불과하다면 인간의 조건conditio humana은 결국 무의미하다는 말이 된다.

어리석은
지도자는

진실을
외면한다

로마의 마지막 황제들

콘스탄티누스 1세가 제국의 수도를 신로마^{Nea Roma} 콘스탄티노플로 이주한 이후 황제였던 콘스탄티누스 1세의 조카 율리아누스^{Julianus}(재위 361~363)는 후기 로마 황제 중 유일하게 기독교 신자가 아니었다. 고대 그리스 로마 전통 종교를 믿었던 그는 즉위 초기에는 모든 종교를 허용하는 정책을 취하지만, 즉위 1년 만에 혐오감을 표출하며 기독교를 박해한다. 그 진위 여부는 불확실하나 율리아누스가 전쟁 중 기독교인 로마 병사의 창에 찔려 죽었다는 이야기도 전해진다.

본래 아테네에서 철학을 공부했던 율리아누스는 리바니우스^{Libanius}의 제자로, 많은 저술을 남겼다. 특히『수염 증오자^{Misopogon}』라는 자기 자신에 대한 코미디를 썼는데, 앞서 말했듯이 로마인들은 그리스인들과 달리 수염을 깎는 것을 상당히 중요하게 생각했다. 때문에 사람들은 율리아누스가 철학자같이 수염을 기른 모습을 비판했고, 이에 수염을 증오하는 사람들이라는 내용으로 책을 쓴 것이다. 미국 작가 고어 비달Gore Vidal은 이러한 율리아누스의 이야기를 『율리안Julian』이라는 책으로 쓰기도 했다.

발렌티니아누스Valentinianus 왕조 때의 황제 발렌스Valens(재위 364~378) 또한 주의 깊게 살펴볼 만하다. 발렌스는 형인 발렌티니아누스 1세Valentinianus I(재위 364~375)에 의해 공동 황제로 임명되어 콘스탄티노플을 수도로 제국의 동쪽을 통치한 동로마 황제였다.

당시 4세기 로마의 가장 큰 문제는 훈족의 침입이었다. 4세기에는 전 세계적으로 민족 이동이 있었는데, 특히 동아시아 유목민족인 훈족은 만리장성을 통해 서쪽으로 이동하며 고트족Goths을 압박해왔고 이에 서고트족의 족장은 발렌스에게 서신으로 트라키아Thracia로 이주해줄 것을 청원한다. 이때 로마에서는 큰 정치적인 싸움이 발생한다. 한쪽에서는 군사력 증강이나 새로운 혁신을 근거로, 또 다른 한쪽에서는 사회적 혼란을 이유로 고트족의 이주를 둘러싼 찬반 의견이 엇갈리기 시작한다. 오늘날 난민 문제와 다를 것이 없었다.

그러나 결국 발렌스는 국경선을 열고 고트족을 받기로 결정한다. 군인 신분이었던 그들의 무기는 모두 압수하고 아들들은 포로로 삼는 대신 생존을 위한 기본적인 것은 제공해주기로 한다. 그러나 발렌스의 결정은 곧 왜곡되기 시작한다.

수십 만 명의 난민들이 먹을 식료품들을 중간의 관료들이 모두 갈취한 것이다. 결국 난민들이 국경선 안에 들어와 굶어 죽는 사태까지 발생한다. 여기에 더해 관료들은 등가가 아닌 것들의 거래를 제안하기까지 한다. 개 한 마리와 젊은 여자 세 명이 등가로 취급되었을 정도로 상황은 심각했다. 이에 결국 고트족의 반란이 일어나고 만다.

반란 초기에만 하더라도 발렌스는 상당수의 고트족을 물리치고 진군한다. 그러나 스파르타쿠스의 반란 때와 달리 당시의 로마는 모든 사회 시스템이 정상적으로 작동되지 않았고 그 자체로 혼란 속에 있었다. 또한 당시에는 반란이 일어난 후 바로 진압할 수 있는 인프라가 갖춰져 있지 않았기에 군대를 모아 대응하기까지도 수개월이 걸렸다. 발렌티니아누스의 아들로서 발렌스의 조카이자 서로마 황제인 그라티아누스Gratianus(재위 375~383)가 지원군이 도착할 때까지 대규모 전투를 감행하지 말라 요청했지만 소용없었다.

결국 콘스탄티노플 북부 아드리아노플Adrianople에서 로마군의 3분의 2는 전멸한다. 더구나 발렌스는 승리에 대한 자신감으로 좋은 구경거리를 보여준다며 군인보다 많은 수의 로마 귀족과 가족들을 함께 데리고 가 그들까지 죽음에 이르게 했다.

결국 군인보다 구경꾼이 더 많은 비효율적인 군대는 패할 수밖에 없었다. 그리고 이때부터 로마 군대는 몰락하게 된다.

상당수의 군인들이 모두 죽었기에 이제 더 이상 로마는 수십 만
명으로 구성된 군대를 꾸릴 수 없게 되었다.

이제부터 로마는 멸망의 날만을 기다리는 수준으로 이어지
게 된다. 테오도시우스^{Theodosius} 왕조 때의 호노리우스^{Honorius}(재위
393~423)라는 어린 황제는 고트족의 침입과 약탈로 로마가 쇠
락의 기운을 깊게 머금은 때도 로마가 아닌 라벤나에 피신하며
숨어서 비둘기를 키웠다고 한다.

제국의 멸망과 흔적

결국 로마 제국은 476년에 멸망한다. 동로마는 다양한 야만족
들의 침입에도 터키, 이집트, 아프리카의 지리상 이점으로 이후
로도 1000년을 더 버티지만 서로마와 로마 제국은 역사 속으로
사라지고 만다.

그러나 우리는 로마 제국이 멸망했음에도 여전히 그 안에
살고 있는 것 같다는 생각을 한다. 그 이유는 로마 제국의 여러
가지 제도가 여전히 우리의 삶 속에 존재하고 있기 때문이다.
특히 가톨릭에는 로마 제국의 황제 제도가 남아 있다. 오늘날
교황을 의미하는 폰티펙스 막시무스^{pontifex maximus}는 본래 신과
인간 사이에 다리를 놓는 사람이라는 의미로, 로마 제국에서 황
제를 의미했다.

또한 앞서 말했듯이 디오클레티아누스는 3세기 위기를 종
식시키기 위해 황제를 인간이 아닌 신으로 재설정했다. 그리고

그 일환으로 황제는 더 이상 친구가 있어서는 안 된다고 하여 친구를 모두 몰아내고, 일반 사람들과는 대화하지 않을 뿐만 아니라 황제와 눈도 마주치지 못하게 한다. 또한 사람들을 맞이할 때 어두운 방 위에서 황금 의자를 타고 하늘에서 내려오는 퍼포먼스를 했다거나 옷도 긴 것만 입어 옷이 아닌 손은 만지지 못하도록 했다는 이야기도 전해진다.

그중에서도 오늘날까지 남아 있는 제도는 황제에게 인사하는 방법이다. 바닥에 완전히 엎드려서 손을 내미는 프로스트레이션prostration이라는 제도는 아직까지도 교황에게 사용하는 인사 방법이다.

교구diocese 또한 디오클레티아누스가 만든 제도 중의 하나로, 라틴어 디오이케시스dioikesis에서 유래한다. 그는 국가를 교구로 나눴는데, 이는 오늘날에도 남아 있다.

사실 디오클레티아누스는 유일한 취미 생활이 농사였다고 전해지지만, 황제의 권위를 유지하는 것을 곧 로마의 위기를 극복하는 방법이라 생각하고 죽을 때까지 이를 유지했다. 오늘날 독재 정권의 국민들이 지도자를 평범한 사람이라고 느끼지 못하도록 설정하는 것과 유사하다. 또한 이는 민주주의 사회에서도 별반 다르지 않다. 우리도 대통령은 궁처럼 큰 집에 살아야 하고, 출신이 중요하고, 신비로움이 있어야 한다고 생각하기 때문이다.

가톨릭에 남아 있는 프로스트레이션

시대의 변화를 대하는 두 가지 자세

로마 제국의 멸망과 관련해 테오도리쿠스Theodoricus(재위 471~526)와 보에티우스Anicius Manlius Boethius 사이에 전해지는 이야기는 변화하는 시대를 대하는 자세에 관해 생각하도록 이끈다. 동고트족의 왕인 테오도리쿠스는 어린 시절 콘스탄티노플의 비잔틴Byzantine 궁정에서 자연스럽게 라틴어와 그리스 로마 문명을 익혔다. 후에 동로마 황제 제노Zeno(재위 474~491)에게 집정관으로 임명된 그는 이탈리아를 침공한 오도아케르Odoacer를 물리치고 493년까지 전 이탈리아를 지배한다.

서로마가 476년에 멸망했음에도 이탈리아는 여전히 형식적으로 로마 제국의 일부였다. 때문에 테오도리쿠스는 콘스탄티노플의 동로마 황제에게 주권이 있다고 인정했으며 로마를 다스리는 인사도 모두 더 유능한 로마인으로 채웠다. 남아 있는 테오도리쿠스 동전을 통해 그의 모습을 짐작할 수 있는데 헤어스타일과 콧수염만 봐도 로마인이 아니라는 것을 알 수 있다.

보에티우스는 테오도리쿠스가 신임했던 고위 공직자 중 한 사람으로 로마의 명문 아니키우스 출신이었다. 당대 최고의 지식인인 그는 재상으로서 일했으나 동로마 황제와의 권력 관계에서 피해망상에 시달리던 테오도리쿠스에 의해 반역죄로 체포되어 감옥에서 사형을 당한다. 그리고 이때 오늘날에도 최고의 철학서로 꼽히는 『철학의 위안』을 집필한다.

『철학의 위안』은 보에티우스와 여신의 모습을 한 철학이 대

테오도리쿠스 동전

화를 나누는 형식을 통해 플라톤, 아리스토텔레스, 스토아 철학, 신플라톤주의를 바탕으로 선악, 행복과 불행, 자유의지의 진정한 의미를 이야기하는 책이다.

그리고 무엇보다 모든 지식이 무너지고 혼란스러운 그 당시, 다음 세대를 위해 그리스 로마 시대 때 그가 아는 모든 철학, 음악, 과학, 수학, 동물학, 아리스토텔레스, 플라톤을 모두 요약해놓았다는 점에서 특히 중요하다. 물론 감옥에서 기억에 의지해서 집필한 것이기에 틀린 내용도 적지 않지만 한 사람이 수천 년 동안 유지되었던 그리스 로마 문명이 쇠락해가는 것을 느끼고 후대를 위해서 지식을 남겨놓았다는 점이야말로 보에티우스가 최고의 지식인으로 칭송받았던 이유를 증명해준다.

그의 죽음과 관련해서도 여러 가지 이야기가 전해지는데, 독약을 먹거나 목을 매달아서 죽었다는 이야기도 있지만, 잔인하게도 머리에다 밧줄을 계속 묶어 눈알이 빠지고 해골이 터져서 뇌가 나와 죽었다는 이야기가 가장 신빙성 있다고 전해진다.

이를 통해 우리는 아무리 뛰어난 사람도 결코 시대를 거스르면서 살 수는 없다는 것을 알 수 있다. 눈 먼 시대에는 결코 진실이 받아들여지지 않는다. 멸망해가는 로마 제국은 한 사람의 힘으로는 구할 수 없었다. 개인이 할 수 있는 것은 지식을 남겨놓는 것뿐이었다. 시대의 흐름을 되돌리려는 노력은 개인적으로는 용감하지만 결과적으로는 자신에게도, 가문에게도 돌이킬 수 없는 결과를 초래하고 만다.

후임으로 취임한 카시오도루스Flavius Cassiodorus는 보에티우스와 달리 혼자만의 힘으로는 로마의 멸망을 결코 멈출 수 없다는 것을 깨닫는다. 이에 이탈리아 남부로 가 비바리움Vivarium이라는 수도원을 짓고 수도승으로서의 삶을 산다. 그리고 그곳에서 종교와 세속 문헌의 수집 및 번역 작업을 하며, 『잡문집Variae』 등의 책을 집필한다. 중세기 수도원에서 책을 집필하는 전통이 그에게서 처음 시작되었다고 할 수 있다.

시대가 변할 때 개인이 취할 수 있는 선택지는 두 가지다. 용감하게 맞부딪쳐 싸우거나 조용히 피하는 것. 보에티우스가 전자라면 카시오도루스는 후자였다. 그러나 보에티우스의 상대

보에티우스

는 처음부터 결코 이길 수 없는 존재였다. 그와 대립한 것은 어마어마한 시대의 흐름과 그 흐름에 쏠려가는 사람들 전체였다.

만약 이들처럼 세상과 싸워야 하는 상황이 왔을 때 우리는 어떤 선택을 할까? 보에티우스는 정정당당했지만 죽임을 당했고 카시오도루스는 다소 비겁했지만 평화로운 삶을 살았다. 누구처럼 살지는 각자의 몫이지만 시대의 거대한 흐름을 꺾을 수 없다는 것은 변하지 않는 진실이다.

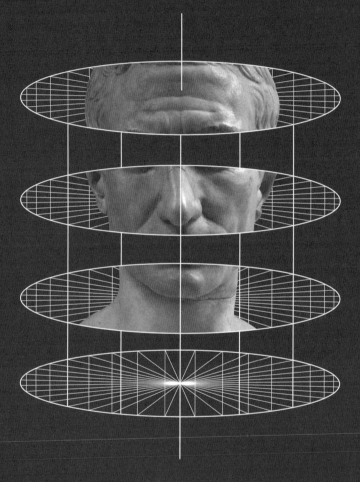

3부

복원

무엇이
로마의
역사를
이어지게
하는가

전 세계를 지배하던 로마의 멸망 후 유럽에는 1000년이라는 암흑의 중세기가 찾아왔다. 그러나 로마 역사는 결코 거기에서 멈추지 않았다. 문명은 '운명의 바퀴'에서 벗어나 다시 미래를 향해 내딛기 시작한다. 유럽은 신과 종교에서 벗어나 평범한 일상 속의 인간에 주목한다.

15세기 유럽은 로마의 지식, 인쇄 기술, 아메리카 대륙의 발견으로 다시 한번 도약할 수 있는 행운을 부여받는다.

정신을
빼앗기면

모든 것을

잃는다

로마에 심어진 멸망의 씨앗

로마의 흥망사를 시대순으로 나열한 역사서는 기존에도 이미 많이 있다. 그리고 한편에는 『로마인 이야기』와 같이 내용의 진위 여부 자체로도 논란을 삼을 만한 책도 있다. 여기에서는 단순히 기존의 책들처럼 로마의 기원과 팽창, 그리고 멸망에 관한 이야기를 하고자 하는 것이 아니다.

로마는 먼 거울로서 우리의 현재를 반영한다. 영원히 전 세계를 지배할 것만 같았던 로마가 어떻게 쇠락의 길을 가게 되었는지를 추적함으로써 현재 전 세계가 당면한 시대적 위기를 극복할 방법을 찾으려 하는 것이다.

로마가 멸망한 이유를 찾자면 앞서 살펴본 것 외에도 상당히 많다. 19세기 어느 독일 역사학자는 로마가 멸망한 이유로 게르만족, 전염병, 경제의 쇠퇴, 황제들의 문제 등을 모두 나열한 결과 총 100개가 넘는 원인을 도출하기도 했다. 이는 다른 말로 로마가 멸망한 이유는 아무도 모른다는 것이다.

물론 많은 역사학자들이 공통적으로 꼽는 원인은 크게 세 가지다. 첫째, 후계자 임명에 대한 명확한 규정이 없었다. 로마 제국은 왕정도 아니고 공화정도 아닌 형태였기에 처음부터 풀 수 없는 문제를 품은 채 탄생한 것과 같았다. 로마는 한 번의 실패도 없이 전쟁에서 승리하며 전 세계를 호령하는 제국이 되었지만 공식적으로는 이를 인정하지 않았기 때문이다. 로마에는 범본질적인 문제가 있었다.

둘째, 극심한 빈부 차이를 결국 극복하지 못했다. 천문학적인 부를 가졌던 귀족들과 생산적인 노동을 할 수 없었던 중산층 사이의 괴리, 그리고 중산층 대부분이 실업자 신세를 면하지 못하고 결국 무너져 내려버린 사회 경제적 붕괴는 로마의 멸망을 가져오기에 충분했다.

셋째, 사회 시스템이 붕괴했다. 사실 로마가 세상을 정복할 수 있었던 군사적인 이유는 개인의 전투력이 아닌 뛰어난 전술과 무기, 인프라 덕분이었다. 로마 군인 개개인은 야만족들보다 더 뛰어나게 싸움을 잘하지 않았다. 신체적인 조건만 보더라도 열세했다. 무기 또한 뛰어났지만 그것만으로는 설명하기 어렵다. 로마의 승리는 적군의 특징에 맞춰 펼친 전략적인 전술과 무기, 정비된 도로와 뛰어난 의술을 받을 수 있는 사회적인 인프라와 자원이 모두 합쳐졌기에 가능했다.

그러나 3세기의 위기로 로마의 내부 사회 시스템은 붕괴되었고 생산성 또한 현저히 낮아졌다. 도로는 망가지고 무기 생산도 원활하지 않았다. 로마의 장점인 시스템이 무너지기 시작하니 전쟁은 이제 개인 간의 전투력 싸움으로 바뀌었고, 여기에서 로마가 패권을 거머쥐기에는 역부족이었다.

그런데도 로마인들은 이 과정을 오랫동안 이해하지 못했다. 오히려 과거를 동경하며 결국에는 이를 신에 대한 믿음 문제로까지 투사했고, 새로운 종교까지 횡행하기에 이른다. 로마는 그렇게 멸망하는 순간까지 자신의 멸망 원인을 찾지 못한다.

사실 로마가 멸망했던 최후의 이유 중 하나는 그들이 성공 가도만을 달렸기 때문이라고 볼 수 있다. 로마는 큰 제국을 통치하기 위해 야만족들의 영토와 로마 제국 사이에 반야만족들의 국가를 만들어놓는 거대한 전략을 가지고 있었다. 로마는 야만족 국가들을 경제적으로 지원해주며 이들의 왕을 자신들이 선출해 반야만족으로 탈바꿈시킨 후 중간에 방어막으로 삼았다. 로마 제국과 야만족들의 영토가 바로 맞닿지 않도록 말이다.

사실 이러한 방법은 오늘날에도 강대국들에 의해 많이 사용되고 있다. 결국 대리전쟁의 형태로, 강대국이 직접 전쟁을 하는 것이 아니라 동맹국이나 다른 나라가 대신 전쟁을 치르게 하는 것이다.

로마의 이러한 전략에 따라 당시 고트족과 프랑크족 모두 반국가적인 체제를 가지게 되었다. 그런데 이는 오히려 로마의 멸망을 앞당기는 계기로 작용하고 만다. 반야만족들의 경우 로마의 문명을 상당 부분 수용했기에 로마를 그 누구보다 잘 파악하고 있었고, 고트족은 훈족을 피해 로마 제국으로 들어온 후 결국 반란을 일으켜 로마 군대를 섬멸하기에 이르렀기 때문이다.

재건을 향한 야망과 좌절

앞서도 말했지만, 로마 제국은 476년에 이미 멸망했다. 그러나 로마인들은 결코 그렇게 생각하지 않았다. 서로마는 멸망했을지라도 동로마가 여전히 존재하고 있었기 때문이다. 콘스탄티누스 1세가 수도를 로마에서 콘스탄티노플로 옮겼기에 사실상 이곳이 로마이며, 15세기에 멸망하기 전까지도 스스로를 로마라 불렀다.

그러나 당시에 서유럽에서는 동로마를 로마라고 부르지 않고 처음부터 그리스인 또는 그리스 제국이라고 칭하기 시작했고, 드디어 19세기 서유럽 학자들은 '비잔틴'이라는, 역사에 실체가 없는 인위적인 명칭을 도입한다. 진짜 로마인들은 동쪽으로 건너가서 새로운 영토를 만들었는데 로마 제국이었던 곳에 야만족들이 쳐들어와 제국을 멸망시킨 후 자신들이 로마의 후계자이고, 오히려 로마인들은 그리스인이라고 이야기하는 것이다!

마치 일본인들이 우리나라 영토를 모두 점령한 다음 한국인은 모두 만주로 추방하고, 한복을 입고 기와집에 살면서 자신들이 진정한 한국인이며, 만주에 있는 사람들은 만주인이라고 부르는 것과 같다. 불가능한 상황 같지만, 당시처럼 기록도 없던 야만적인 시대에는 모두 쉽게 과거를 잊어버린다. 그리고 그 후에는 어느 한 순간 모두 스토리텔링을 믿어버리게 된다.

때문에 사실 20세기 초까지만 하더라도 유럽 역사에서 비잔틴은 아무 쓸모없는 최악의 국가 중의 하나로 취급되었고, 대중매체에서도 마찬가지로 비춰졌다. 지금도 영어에서 비잔틴이란 요식적이고 비효율적인 것을 표현하고자 할 때 사용될 정도다.

로마 제국이 476년에 멸망한 후 15세기까지 1000년 중세기 동안 문명은 모두 자취를 감춘다. 암흑기가 도래한 것이다. 그리고 이때는 암흑기의 핵심적인 특징인 기록력이 모두 상실되고 만다. 이때의 사람들은 단 10년 전의 기억도 유지하지 못한다.

6세기에 서로마는 이미 다양한 야만족들의 국가가 되었다. 프랑크족은 지금의 프랑스를, 고트족은 지금의 이탈리아를 점령했다. 또한 독일 서북부의 게르만족 일파인 앵글족Angles과 색슨족Saxons은 영국으로 넘어가 그곳을 장악한다. 그리고 아메리카 신대륙으로 이주한 영국인들의 후손들은 팍스 아메리카나Pax Americana를 실현해 오늘날 전 세계를 지배하고 있다. 결국 로마 제국을 무너뜨린 민족들이 오늘날 여전히 세계 패권을 쥐고 있다고 해석할 수도 있겠다.

6세기까지만 해도 동로마는 아직 건재함을 보였다. 당시 동로마는 그리스, 터키, 이집트, 팔레스타인 부근에 걸쳐 있었는데, 유스티니아누스 1세Justinianus I(재위 527~565) 황제는 벨리사리우스Flavius Belisarius 등의 명장들을 기용해 6세기에 로마 재건 프로젝트를 진행한다. 벨리사리우스는 황제의 명령에 따라 북아프리카를 장악한 반달족을 멸망시키고, 20년 가까운 전쟁을 통해 북아프리카와 이탈리아를 되찾아 로마의 영토 확장을 이룬다. 그러나 끝내 스페인과 프랑스는 되찾지 못한다.

이탈리아 라벤나에 산 비탈레San Vitale 성당에 가면 유스티니아누스 1세가 로마를 재건한 후 승리 기념으로 만든 6세기의 모자이크를 여전히 볼 수 있다. 그러나 유스티니아누스 1세의 희망과 달리 역사는 순탄하게 흘러가지 않았다. 로마 재건에 온 힘을 기울이고 있을 570년, 모하메드가 탄생한 것이다. 완전하게 새롭고 강력한 세력의 등장으로 로마 재건 프로젝트는 큰 타격을 받고 만다.

역사에서 소외된 로마의 최후

유스티니아누스 1세는 비잔틴 미술의 걸작이라 할 수 있는 아야소피아Ayasofya, 즉 하기야 소피아Hagia Sophia 성당을 재건했다. 이곳이 건축사적으로 중요한 이유는 이전 로마의 건축 양식이 아닌 새로운 건축 양식을 창조했다는 점 때문이다.

수학자 안테미우스Anthemieus와 물리학자이자 공학자인 이시

로마 재건 기념 유스티니아누스 1세 모자이크

아야소피아의 외관과 내부

도로스^{Isidoros}가 설계한 이 건물은 오늘날까지 인류 최고의 작품으로 꼽힌다. 처음 소피아 성당에 들어선 유스티니아누스 1세는 황금 모자이크로 반짝이며, 기둥의 받침 없이 마치 떠 있는 듯한 웅장한 내부 공간을 보고 "내가 솔로몬을 이겼노라"라고 외쳤다고 한다.

그 위엄을 증명하기라도 하듯 15세기에 터키인들은 콘스탄티노플을 정복한 후 이곳의 건축 양식을 모방한다. 사실 오늘날 이슬람 양식으로 알려져 있는 건축물은 본래 유스티니아누스 1세에 의해 새로이 정립된 동로마의 건축 양식인 것이다. 건축 이외에도 그는 뛰어난 수준의 다양한 모자이크 또한 남겼다.

또 하나 눈여겨볼 곳은 성당 인근에 있는 예레바탄 사라이 ^{Yerebatan Saray}라는 지하 저수조다. 내부에 336개의 기둥이 있는데, 압도적인 웅장함을 자랑한다. 지하의 물탱크일 뿐인 건물이 이토록 아름다운 이유는 콘스탄티노플과 동로마에 있었던 그리스 로마 시대의 신전 기둥들이기 때문이다.

당시에는 건축물 자체가 종교를 의미했기에 이전의 건축물을 모두 부숴 건축 양식을 해체한 후 새로운 양식을 만들어버린 것이다. 그러나 이처럼 과거를 완전히 바꾸는 작업에는 반작용이 발생하기 마련이다. 시민들은 결국 반란을 일으킨다.

532년 니카 반란^{Nika riots}으로 유스티니아누스 1세는 황제 자리를 빼앗길 위기를 맞는다. 다행히 벨리사리우스 장군 등의 도움으로 반란은 제압되지만 그 과정에서 수십 만 명의 시민들은

예레바탄 사라이

학살당하고 만다. 이에 대한 더욱 자세한 이야기는 벨리사리우스 장군의 비서였던 프로코피우스^{Procopius}의 책에 자세히 담겨 있다. 프로코피우스는 유스티니아누스 1세의 로마 재건 전쟁이나 건축물 홍보 등 주로 황제를 숭배하는 책을 쓴 역사학자다.

그런데 그가 은퇴 후 죽기 바로 전에 집필한 책이 17세기에 발견되면서 사람들은 큰 충격에 빠진다. 그의 비밀 역사책, 『비잔틴제국 비사』에는 무엇이 진실인지 알 수 없는 상당히 충격적인 내용이 가득하다. 이에 따르면 유스티니아누스 1세는 악마와도 같은 존재였고, 황비 테오도라^{Theodora}는 창녀 출신에다 집단적으로뿐만 아니라 동물과도 성행위를 즐겼으며, 테오도라와 유스티니아누스 1세는 끝없는 탐욕과 거짓말로 로마 제국을 멸망시킨 장본인들이라는 것이다.

정통 역사서에서 찾아볼 수 없는 말 그대로 비밀 역사다. 그러나 이처럼 자극적인 이야기는 아직까지도 예술이나 대중매체의 소재로 사용되지 않았는데, 이를 통해 유럽에서 비잔틴이 지니는 위치를 다시 한번 짐작할 수 있다.

여기에서 우리가 생각할 수 있는 또 하나는 역사에서 증거의 개념이 무엇일까 하는 것이다. 역사란 무엇일까? 미래도, 현재도 아닌 과거에 대한 이야기고 과거는 더 이상 바꿀 수 없는 것들의 합집합이다. 기원전 530년 신바빌로니아 제국 나보니두스^{Nabonidus}(재위 BC 556~539) 왕이 선조들의 유물을 수집하며 시작되었다는 박물관. 프톨레마이오스 1세가 알렉산드리아에 설립한 '뮤즈들의 집' 뮤세이온Mouseion과 아탈리드Attalid 왕조의 페르가몬도서관 모두 오늘날 루브르박물관과 대영박물관처럼 여러 문명들의 책과 유물들을 수집하고 전시하는 공간이었다.

그런데 인류는 왜 박물관을 만든 것일까? 인간의 기억은 너무나도 불완전하고 일시적이기 때문이다. 일주일 전 무엇을 먹었는지조차 기억하기 어려워하는 우리. 죽고 나면 사람들의 기억에서 우리가 완전히 사라지는 데 얼마나 걸릴까? 기억만으로는 아무것도 보존되지 않기에 우리는 과거의 흔적을 보존하려 한다. 근대 역사학의 아버지라 불리는 독일의 랑케Leopold von Ranke가 "있었던 과거 그대로Wie es eigentlich gewesen"를 보여줘야 한다고 주장했던 이유다.

하지만 많지 않은 6세기의 동로마 기록 중 황제와 황후에 관한 기록은 당시 유일한 역사학자였던 프로코피우스의 책뿐이다. 한 시대에 증인이 한 명밖에 없을 때 그를 얼마나 믿을 수 있을까? 프로코피우스가 악마로 평가한 유스티니아누스 1세는 동로마 최고의 황제 중 한 명으로 인정받고, 그가 창녀로 기록한 테오도라는 그리스 정교회 성녀 중 한명이다. 성녀와 창녀, 악마와 영웅.

더 이상의 정보도, 추가 기록도 없는 오늘날, 6세기 동로마를 우리는 과연 "있었던 과거 그대로"로 알 수 있을까? 아니면 역사란 결국 "있었던 그대로"가 아닌, 우리가 원하는 미래를 위해 지금 필요한 과거를 만들어내고 있는 과정일 뿐일까?

절망의
세상에서

불멸을   꿈꾸다

전설로 남은 로마의 영광

유스티니아누스 1세가 재건 프로젝트에 실패한 이유 중 하나는 '유스티니아누스 역병'이라고 불리는 전염병 때문이었다. 당시까지만 해도 로마는 여전히 지중해 최고의 국가이고 가장 무역이 많은 곳이었다. 그런데 페스트가 중국에서 실크로드를 타고 알렉산드리아를 거쳐 콘스탄티노플에 도착하고 만다. 수백만 명이 사는 대규모 도시에 재난이 시작된 것이다.

특히 위생 관념이 좋지 않았던 과거에는 사람들이 전염병의 위험에 더욱 노출되어 있었다. 결국 전염병의 창궐로 동로마에서 2500만여 명의 사람이 죽고 만다. 동로마 인구 4명 중에 1명, 세계 인구의 13퍼센트에 해당하는 어마어마한 비율이었다. 나중에 회복하기는 했지만 유스티니아누스 1세도 전염병에 걸렸을 정도였다.

시간이 흘러 벼룩을 통해 전염병이 확산되었다는 것이 밝혀졌지만, 당시에만 해도 동로마인들은 그 원인을 절대 알 수 없었다. 돌연 죽음의 그림자가 동로마를 잠식해버린 것이다. 그리고 인구의 감소는 곧 생산성의 저하를 가져왔다. 당시에는 기계가 없었기에 인력의 손실은 곧 국가 경제의 위기를 의미했다.

이슬람이라는 새로운 세력이 성장하기 시작했을 때 로마는 가장 혼란스러운 시대를 지나고 있었고, 전쟁에서 좋은 성과를 거두기에는 역부족이었다. 이슬람은 그렇게 막강한 세력으로 점차 힘을 다져갔다.

서로마는 476년에 멸망 후에도 사실상 100년 정도는 문명을 유지하고 있었다. 고트족은 특별한 이념이나 문화가 없었기에 그들의 지배 아래에 있었던 로마 문명은 여전히 번창했다. 그러나 아이러니하게도 서로마는 유스티니아누스 1세의 로마 재건 전쟁 결과 완전히 멸망하고 만다. 20년 가까운 재건 전쟁 과정에서 그때까지 보존되어 있던 그리스 로마 건물 대부분이 파괴되고 로마는 모두 황폐지로 변하고 만다. 진정한 암흑의 세계, 중세기는 그렇게 성큼 다가와 있었다.

물론 유스티니아누스 1세의 로마 재건 프로젝트에도 유의미한 결과는 있었다. 많은 사람들이 이때를 기점으로 지금의 유럽이 만들어졌다고 이야기하기 때문이다. 게르만족에게는 사실 국가라는 개념 자체가 없었다. 로마의 영토를 빼앗고 그곳에 정착해 살아갈 뿐이었다.

그러한 게르만족에게 돌연 다시 로마가 쳐들어오자, 이제 이들 사이에 각성이 일어나기 시작한다. 언제든 로마에 대항하기 위해 국가를 만들고, 전쟁 외에도 언제나 대기하는 상비군을 조직하기 시작한 것이다. 그렇게 국가가 성립하고 왕이 생기며, 그때부터 유럽 국가들의 민족성이 발달하게 된다.

이때 민족성의 중요한 역할을 했던 것이 바로 각 국가의 전설이다. 정체성이란 개인뿐만 아니라 국가에도 없어서는 안 될 존재의 중요한 바탕이 된다. 특히 영국에서는 로마 장군 아르토리우스Artōrius에 관한 '아서 왕King Arthur' 전설이 가장 유명한데, 신기한 것은 영국 전설인데도 켈트족을 우호적으로, 앵글로색슨족을 오히려 적으로 그리고 있다는 것이다.

이외에도 영국에는 '베오울프Beowulf'라는 전설이 또 하나 있는데, 가장 오래된 고대 영어 작품이자 5세기에 영국을 점령한 앵글로색슨족의 가장 뛰어난 문학 작품으로 알려져 있다. 필사본은 영국에서 만들어졌지만 베오울프의 배경은 스웨덴과 덴마크로, 북유럽에서 온 앵글로색슨족의 고향 이야기다. '니벨룽겐Nibelungen' 전설은 지그프리트Siegfried가 용과 싸워 승리하는 영웅 스토리인데, 이것의 오늘날 버전이 바로 『반지의 제왕』이다.

한 가지 특이한 점은 이들 게르만족의 전설에는 항상 용이 나오며, 용은 언제나 굉장한 보물을 숨긴 악의 전형으로 설정되어 있다는 점이다. 그렇다면 왜 하필 용이 악의 상징으로 사용되었을까?

그 이유는 후기 로마 군인들의 깃발에서 찾을 수 있다. 로마 군인들은 용의 형상으로 된 깃발을 들고 다녔는데, 수천 명이 군집해 이동할 때의 모습은 야만족들의 입장에서는 공포와 두려움의 대상이 되기에 충분했다.

이밖에도 켈트족 원주민들과 남아 있던 후기 로마인들이 함께 세운 국가인 웨일스의 국기에서도 로마인들이 용을 상징으로 삼았다는 것을 확인할 수 있다. 막강한 부를 기반으로 전 세계를 통치하던 로마는 결국 야만족들에게 정복당해 영원히 전설 속 용이 되어 오늘날까지 파괴되어야 할 악의 전형으로 상징화되고 있다.

'운명의 바퀴'가 끊임없이 돌다

끝없는 노력과 도가 넘치는 행운fortuna 덕분에 역사 그 자체를 지배할 수 있을 것이라 믿었던 로마인들은 서로마의 멸망과 함께 깊은 슬럼프에 빠진다. 제국 그 자체가 우울증에 빠진 것이다. 그리고 우울증과 숙명론은 과거에 대한 로망을 키운다.

4~5세기 로마의 현실은 패배와 재난의 반복이지만 그들에게는 찬란한 과거의 로마가 있었다. 눈으로 보이는 로마는 절망스러웠지만, 상상의 로마는 아름답고 영원했다. '로마'가 더 이상 이 세상의 제국이 아닌, 유럽인들이 여전히 꿈꾸고 갈망하는 '영원한 제국'으로 탈바꿈한 이유다.

예술에서도 비슷한 현상을 발견할 수 있다. 3세기 위기와 4세기 재건은 그리스 로마 예술 그 자체를 송두리째 바꿔놓는다. 인간의 위대함과 개인의 아름다움을 찬양하던 그리스 로마 양식의 조각과 건물은 사라지고 기죽은 듯한, 움츠린, 그리고 미학적으로 한없이 미개한 작품들이 등장한다. 일부 예술사학자들은 현대 미술처럼 의도적인 표현인 것으로 해석하기도 하지만 개인적으로 동의하지 않는 가설이다.

우리나라 역사에서도 비슷한 일이 벌어진다. 통일신라와 고려 시대의 찬란한 문화는 몽골과의 전쟁과 침략, 그리고 임진왜란을 거쳐 처참하게 파괴된다. 그러나 잿더미가 된 도시에서 또다시 먹고 살아야하는 인간. 다시 짓기 시작한 건물은 그전 수준을 따라갈 수 없고, 다시 만들기 시작한 조각과 도자기는 과거의 화려함을 되살릴 수 없었다.

비참한 현실이 현재를 넘어 미래까지 바꿔놓은 것처럼, 후기 조선인들은 과거의 화려함을 더 이상 만들지 못한 채 단순함과 투박함이 자신들의 정체성이라고 믿기 시작한다. 과연 한국적이란 진정 무엇일까? 전쟁과 침략 때문에 후퇴하고 투박해진, 가난이 만든 단순함일까?

그렇다면 진정한 로마적이란 무엇일까? 여기에서 로마는 우리나라와는 다른 이야기를 전개한다. 끝없이 높은 곳까지 갔었기에 그만큼 추락한 로마. 그러나 그들은 찬란한 과거에 대한 꿈과 기억을 영원히 잊지 않았다. 6세기 20년에 가까운 서로마와 게르만족간의 전쟁으로 황폐화된 이탈리아 반도와 로마.

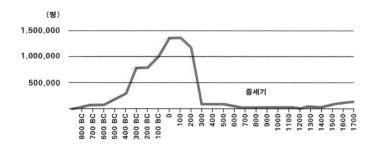

(명)

중세기

중세기 로마 인구의 감소

과거 수백 만 명의 시민들은 사라지고 오로지 수백 명의 생존자들만 허물어진 건물 사이에서 쥐와 벌레를 잡아먹으며 생존했다는 로마에서 교황 그레고리 1세^{Gregory I}는 통곡한다: 로마 황제 폐하는 어디에 계시냐고. 로마의 자랑스러운 세나투스는 어디로 사라졌냐고.

황제도 세나투스도 사라지고, 이제 홀로 그들의 역할을 해야 하는 로마의 주교이자 폰티펙스 막시무스만 남은 제국에서 로마인들은 믿기 시작한다: 전쟁과 침략 때문에 후퇴하고 투박해진 단순함은 어쩔 수 없는, 지금 이 세상과의 타협이지만 진정한 화려함은 눈에 보이는 이 세상이 아닌 가엾은 로마인들을 영원히 위로할 하나님의 세상에서만 가능하다고. 개인의 자유와 주도가 중심이었던 그리스 로마 문명이 사라지고, 신의 믿음이 중심인 된 중세기는 그렇게 시작되었다.

일부에서는 중세기에도 여전히 삶이 유지되었기에 실제 암흑기란 존재하지 않았다고 이야기하지만 남아 있는 데이터를 보면 당시의 처참한 상황이 그대로 드러난다. 먼저 로마 시민의 인구가 급감한다. 이전에 150만 명 정도였던 인구는 6세기 후에 1000명 정도밖에 남지 않는다. 도시에 사는 인구의 대부분이 사라진 것이다.

또한 땅에서는 납의 흔적이 사라진다. 이는 곧 철을 생산하지 않았다는 것이며, 문명이 사라진 것을 의미한다. 가축의 크기도 작아진다. 소의 키는 석기 시대 때 115센티미터였던 것이, 로마 시대 때 120센티미터로 커졌다가 중세기에 112센티미터로 다시 줄어든다. 석기 시대로 역행한 것이다. 중세기는 전쟁과 전염병으로 인구가 급감하고 더 이상의 생산 활동도 없으며 글과 예술도 사라진 문명의 암흑기였다.

따라서 중세기인들은 불행한 현실 너머에 신의 세계가 있다는 기독교의 절대적인 믿음에 의존한다. 중세 신앙에 큰 영향을 준 후기 로마 사상가 아우구스티누스Aurelius Augustinus는 삶의 본질이 현실의 '이 세상'이 아닌 신이 있는 '저 세상'에 있다고 했다. 남아 있는 당시 기록을 통해 종교적인 믿음으로도 구제받지 못한 중세기의 삶이 얼마나 비참했는지를 볼 수 있다.

오페라 〈카르미나 부라나Carmina Burana〉는 13세기 독일의 베네딕트 보이에른Benedikt Beuern 수도원의 수도사들이 쓴 세속적인 시를 가사로 차용해 1935년에 독일 작곡가 카를 오르프Carl Orff에 의해 탄생한 작품으로, '운명의 바퀴'에 대한 내용을 담고 있다.

피터르 브뤼헐, 〈죽음의 승리〉

트로이의 여왕 헤쿠바가 트로이 전쟁으로 자식과 남편을 잃고 개로 변했듯이 행운의 바퀴는 계속 돌기에 여왕이었던 사람도 개가 될 수 있다는 내용이다.

이는 곧 중세기에는 사상 자체에 발전이 없었다는 것을 의미한다. 노력해도 제자리걸음만 할 뿐이라 믿는 사회에서 발전은 일어나지 않는다. 프라도미술관에 있는 피터르 브뤼헐^{Pieter Brueghel}의 〈죽음의 승리^{The Triumph of Death}〉에 담긴 세상은 곧 중세기 인들에게 현실이었다.

신흥 이슬람 문명의 등장과 몰락

지중해 문명이 쇠락의 내리막길을 걷고 있을 때 또 하나의 새로운 문명, 이슬람이 태동한다. 이슬람은 당시 최고의 문명인 로마와 페르시아가 내부적으로 가장 큰 어려움을 겪고 있을 때 등장해 상상을 초월할 정도의 빠른 속도로 세상을 정복해나간다. 이로써 과거 로마 제국의 영토였던 중동, 북아프리카, 이집트, 스페인 모두 그들의 지배하게 들어가게 된다.

당시 이슬람은 유럽보다 훨씬 발달된 문명으로, 이들은 동로마, 그중에서도 당시에 가장 문화가 발달했던 오늘날 시리아를 점령하며 그리스 로마의 모든 지식을 흡수한다. 정작 본토에서는 그리스 로마의 정체성이 사라져갈 때 이들은 그리스 로마의 색채를 더욱 강하게 띠기 시작한다.

그 덕분에 뛰어난 그리스 로마의 학문적 성과들이 아랍어로

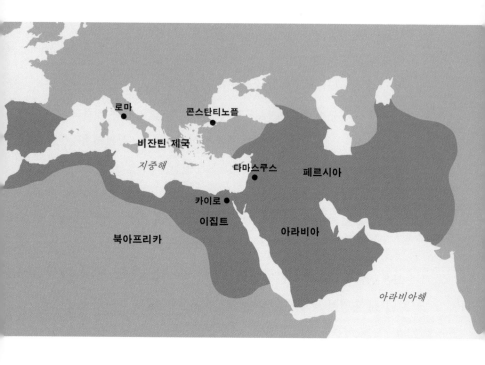

로마 ●
콘스탄티노플 ●

비잔틴 제국

지중해

다마스쿠스 ●

페르시아

카이로 ●

이집트

북아프리카

아라비아

아라비아해

이슬람의 영토 확장

번역되어 오늘날까지 남을 수 있게 되었다. 우리가 알고 있는 대부분의 그리스 로마 관련 책들은 그리스어에서 아랍어로 번역된 다음 다시 라틴어로 번역되어 오늘날 프랑스어나 독일어로 번역된 것이다.

당시 이슬람이 로마 문명을 이식받을 수 있었던 것은 뛰어난 학자들 덕분이었다. 아베로에스Averroes는 이슬람 최고의 철학자로, 아리스토텔레스가 철학자의 대명사로 불렸던 것처럼, 그는 아리스토텔레스 해석자의 대명사로 불렸다.

수학자 무하마드 이븐 무사 알 콰리즈미Muhammad ibn Musa al-Khwarizmi는 알고리즘algorithm 개념을 만들어 과학 기술에 큰 공헌을 했다. 또한 과학자 이븐 알 하이삼Ibn al-Haytham은 광학의 개념을 발견해 빛의 반사 원리를 밝혀냈다. 이외에도 과학자 이스마일 알 자자리Ismail al-Jazari는 처음으로 로봇을 만들었고 의학자 만수르 이븐 알라스Mansur ibn Ilyas는 해부학에 큰 발전을 이끌었다.

참고로 과학과 수학에서 알고리즘이나 대수학을 의미하는 알제브라algebra처럼 '알'이 포함된 단어는 모두 아랍에서 온 것으로, 이슬람이 오늘날 과학 발전에 끼친 영향을 짐작할 수 있다. 우리가 그렇게 사랑하는 알코올 역시 아랍어를 기반으로 하고 있다.

또한 당시의 이슬람은 관대한 문명이었다. 보통 람밤Rambam이라고 불리는 철학자 마이모니데스Maimonides는 유대인인데도 무슬림이 장악하던 중세 스페인에 살며 사회적으로 아주 높은 위치에 있었다. 그의 저서 중 『혼란스러운 사람을 위한 가이드 Guide for the Perplexed』는 신이나 종교에 복잡한 마음이 드는 사람들을 위한 책으로, 개인적으로는 오류도 없지 않다고 생각하지만 아주 재미있는 책이다.

예술 또한 상당히 발달했다. 압바스 Abbasid 왕조의 5대 칼리프 calif 하룬 알라시드 Harun al-Rashid(재위 786~809)는 『아라비안 나이트』의 주인공으로도 유명한데, 학문과 예술을 보호하고 장려해 이슬람 문화를 꽃피게 한 인물이다.

그는 바그다드에 '지혜의 집 Bayt al-Hikma'이라고 불리는 당시 지구 최고의 대학이자 연구소를 짓고, 여기에 이슬람, 페르시아, 산스크리트 Sanskrit 원서들뿐 아니라 그리스 로마의 철학, 과학, 의학 관련 서적들을 보관했다. 그리고 그곳을 종교, 민족, 나이 차별 없이 모든 학자에게 열어두었다.

그러나 이들의 찬란했던 문명도 그리 오래가지 못했다. 1258년 칭기즈 칸 Chingiz Khan(재위 1206~1227)의 손자 훌라구 칸 Hulagu Khan(재위 1258~1265)은 15만 명의 대군을 이끌고 바그다드를 함락하는 데 성공한다. 항복하라는 훌라구의 명령을 따르지 않았던 바그다드에서는 100만 명 가까운 시민이 학살당하고 수백 년 넘은 궁전 및 모스크와 함께 '지혜의 집'도 흔적 없이 사라지고 만다. 티그리스의 파란 강물은 시체들의 피로 붉게, 강에 던져진 고서 수십만 권의 잉크로 다시 검게 변했다고 한다.

이는 터키 작가 오르한 파무크 Orhan Pamuk에 의해 『내 이름은

모든 학자에게 평등했던 지혜의 집

빨강』이라는 소설로 탄생하기도 했다. 소설은 당시 바그다드에서 모스크 탑에 숨어 간신히 목숨을 건진 화가가 일주일 동안 밤낮으로 벌어지는 지옥 같은 죽음의 장면을 목격하는 이야기를 담고 있다. 친구, 스승, 제자의 죽음을 보면서도 아무것도 할 수 없었던 화가는 눈을 멀게 해달라고 신에게 울부짖지만 이루어지지 않자 스스로 눈을 멀게 한 후 이처럼 잔인한 세상을 그리는 것 자체가 악마 같은 행동이라며 화가들을 암살한다.

암흑 속에서도
역사는

계 속 된 다

중세기의 금단과 사랑

중세기를 배경으로 한 대표적인 문학 작품으로는 이탈리아 철학자 움베르토 에코Umberto Eco의『장미의 이름』이 있다. 중세기 수도원을 배경으로 벌어지는 미궁의 살인 사건을 추적하는 이 소설은, 전 세계에 단 한 권 남은 아리스토텔레스의『시학』2편의 존재를 숨기려는 도서관장과 책을 읽으려는 수도승들 사이에서 벌어지는 이야기다. 그중 윌리엄 오브 배스커빌William of Basker-ville은 사건의 진실을 파헤치는 중심인물로, 중세기 철학자 윌리엄 오브 오컴William of Ockham과 셜록홈즈의 하운드 오브 배스커빌hounds of Baskerville을 조합한 이름이다.

사실 아리스토텔레스의『시학』2편은 단순히 소설을 위해 꾸며진 허구의 책은 아니다. 전문가들 또한 실제로 존재했을 가능성에 무게를 싣는다. 아리스토텔레스는 현재 남아 있는『시학』에서 비극의 기원과 역할을 다루며 "추후 희극에 대해서도 설명하겠다"는 말을 남기기도 했다. 이를 토대로 1편은 비극, 2편은 희극을 이야기했을 것이라 추측하는 것이다.

물론 『시학』 2편은 현재 남아 있지 않다. 뿐만 아니라 우리가 알고 있는 아리스토텔레스의 저작 상당수도 유실되었다. 3세기학자 디오게네스 라에르티오스Diogenēs Laertios에 따르면 아리스토텔레스는 44만 5270줄의 글을 출간했다고 한다. 하지만 오늘날 남겨진 글은 11만 줄 정도다.

또한 라에르티오스가 남긴 아리스토텔레스의 저작 목록의 제목들은 우리가 알고 있는 것과 다르다. 이를 두고 대부분 플라톤과 같이 문답 형식으로 출간되었을 것이라는 주장도 제기된다. 결국 아리스토텔레스가 직접 출간한 책들은 모두 사라지고, 오늘날의 책은 그의 책이나 강연을 기반으로 누군가 요약 및 편집한 것이라는 가설을 세울 수 있다. 아마 『시학』 2편은 그 과정에서 영원히 사라졌을 가능성이 크다.

그렇다면 『장미의 이름』에서 수도원장은 왜 『시학』 2편의 존재를 숨기려고 했을까? 그 이유는 중세기의 사상에서 찾아볼 수 있다. 희극은 웃는 것, 즉 코미디다. 그러나 중세기 때는 웃어서는 안 되었다. 당시에는 웃음과 비웃음의 차이를 몰랐기에 웃는다는 것은 곧 세상을 비웃는 것이었고, 세상을 창조한 신을 비웃는 것과 다르지 않았다. 결국 희극에 관한 책은 금서가 될 수밖에 없었다.

오늘날에는 『시학』 2편을 계속해서 재건하고 있다. 영국 고전학자 리처드 얀코Richard Janko는 『코미디에 대한 아리스토텔레스Aristotle on Comedy』뿐만 아니라, 남아 있는 자료를 기반해 『시학』 2편 또한 새롭게 쓰고자 노력하고 있다. 그리고 이러한 노력이 허무맹랑하지 않은 이유는 1643년 발견된 작자 미상의 『트락타투스 코이슬리니아누스Tractatus Coislinianus』라는 책 때문이다.

이 책은 희극의 기원과 의미를 설명하고 있는데, 에코가 『장미의 이름』에서 인용한 『시학』 2편 역시 이 책이었다. 정말 이 고대 문서의 저자가 아리스토텔레스일까?

이에 관해 역사학자 월터 왓슨Walter Watson은 이 책이야말로 그동안 잃어버렸다고 믿었던 아리스토텔레스의 『시학』 2편이라고 주장한다. 물론 논란의 여지가 있는 주장이지만 글의 스타일 또한 아리스토텔레스와 유사한 것이 사실이다. 혹여 아리스토텔레스의 저서가 아니더라도 『시학』 2편의 완성편 또는 『시학』 2편을 읽은 누군가가 요약한 책이 아닐까 하는 가설이 계속해서 제기되고 있는 이유다.

사실 아리스토텔레스는 당시까지만 하더라도 서유럽에서는 이단에 가깝게 여겨졌다. 플라톤 철학이 유럽 철학의 기본으로 받아들여지던 것에 비해 아리스토텔레스 철학은 데이터나 경험 위주에 희극을 이야기하는 등 이슬람적이라고 여겨지며 철학사에서의 위치가 오늘날과 같지는 않았다.

그러나 이러한 인식은 중세기 최고의 철학자 아벨라르두스

Petrus Abaelardus를 시작으로 폐기된다. 아벨라르두스에 의해 아랍어로 번역된 아리스토텔레스의 저서는 다시 라틴어로 번역되며 빛을 발한다.

그런데 이러한 업적보다 아벨라르두스를 역사에서 더 유명하게 만든 것은 엘로이즈Heloise와의 러브스토리다. 스승과 제자로 만난 이들은 사랑에 빠지고 아이까지 낳았지만 집안의 반대는 계속되었고 우여곡절 끝에 결국 수도승과 수녀가 된다. 이들이 주고받은 연애편지가 수도원에서 발견되기도 했다.

재미있는 것은 이 두 사람이 아이의 이름을 당시 이슬람 문명에서 도입된 최첨단 천문 관측 기계의 이름인 아스트롤라베Astro-labe라고 지었다는 점이다. 이는 오늘날 아이의 이름을 '아이폰'이라고 지은 것과 같을 정도로 혁신적인 시도였다. 시대를 뛰어넘은 러브스토리의 주인공들답게 시대를 앞서간 선택이었다.

새로운 제국의 등장

앞서 언급했듯이 로마가 멸망한 후 유럽은 게르만족에게 점령당한다. 프랑스는 프랑크족, 스페인은 서고트족과 이슬람, 영국은 앵글로색슨족에 의해 정복된다. 그리고 로마 제국에 포함되지 않았던 나머지 국가들 특히 독일, 스위스, 오스트리아, 덴마크, 네덜란드는 국가에 대한 개념이 없었기에 여전히 국가를 세우지 못하고 있었다.

국가에 대한 개념은 800년 프랑크 왕국의 샤를마뉴Charlemagne

천문 관측 기계 아스트롤라베

(재위 768~814) 대제가 게르만족 통합 추후 신성로마 제국이라 불릴 새로운 제국의 황제직을 수여받은 후에 비로소 생긴다. 서로마는 476년에 멸망하고 동로마는 콘스탄티노플에서 비잔틴이라고 불렸기에 공석인 로마 황제의 자리를 차지한 것이다.

이름도 독일 민족의 신성로마 제국이라는 의미인데, 프랑스 철학자 볼테르Voltaire는 이를 두고 신성로마 제국은 "신성하지도 않고, 로마도 아니고, 제국도 아니다"라는 유명한 말을 남긴 바 있다. 신성하지 않게 전쟁을 일삼고, 로마가 아닌 게르만족이며, 제국도 아닌 1000여 개로 나뉜 왕족일 뿐이라는 것이다.

이처럼 정통성을 의심받는 신성로마 제국이지만 역사적으로 유의미한 황제도 꽤 있다. 프리드리히 2세Friedrich II(재위 1215~1250)는 그리스어와 라틴어, 독일어, 프랑스어, 이탈리아어뿐만 아니라 이슬람의 과학을 배우기 위해 아랍어 또한 공부할 만큼 다양한 언어에 능통했다. 특히 수학과 기하학, 천문학에 관심이 있어 오늘날 태어났다면 과학자가 되었을 인물이다.

그만큼 호기심도 많아 다양한 실험을 해본 것으로도 알려져 있는데, 아기를 대상으로 언어 실험을 한 것이 특히 유명하다. 전쟁을 위해 전 세계를 이동하던 프리드리히 2세는 사람은 태어날 때부터 언어를 가지고 있는 것인지 의문을 품게 된다.

그는 인간이 아무런 교육도 받지 않으면 히브리어를 쓸 테지만 교육을 받으며 각 나라의 언어로 왜곡되었다고 생각했다. 이에 농부들의 갓난아이들을 빼앗아 감금해놓고 절대 말을 걸

THE
NAME
OF THE
ROSE

SEAN CONNERY · CHRISTIAN SLATER
WHO, IN THE NAME OF GOD, IS GETTING AWAY WITH MURDER?

『장미의 이름』속 도서관 카스텔 델 몬트

지 못하도록 했다. 그의 가설대로라면 아이들은 스스로 히브리어를 해야 했지만 물론 그러한 일은 일어나지 않았다.

또한 그는 의학적인 호기심 또한 풍부해 인체의 소화 원리를 실험을 통해 이해하려 했다. 실제 노예들에게 음식을 먹이고 동적일 때와 정적일 때의 상황을 각각 설정한 후 몸을 해부해 소화 정도를 확인했던 것이다.

물론 프리드리히 2세가 이러한 기괴한 일화로만 역사에 이름을 남긴 것은 아니다. 그가 세운 카스텔 델 몬트Castel del Monte는 건축학적으로 가치가 매우 높은 건축물로, 『장미의 이름』에서 도서관으로 등장하기도 한다.

1000년을 버틴 동로마의 멸망

동로마는 서로마가 476년에 멸망한 후에도 1000년을 더 버텼다. 물론 중세 암흑기였지만 때문에 로마의 전통과 기술은 그동안 유지될 수 있었다. 750년 이슬람의 등장으로 모든 곳이 정복되었을 때도 콘스탄티노플은 끝까지 함락되지 않았는데, 여기에는 콘스탄티노플의 지형적인 이점이 크게 작용했다.

중세기의 좋은 도시란 방어가 수월해야 할 뿐만 아니라 군사를 유지할 수 있는 물량 공급이 원활한 곳이었다. 그러한 점에서 이전의 로마는 규모나 위치상 그리 최적의 장소는 아니었다. 이에 반해 콘스탄티노플의 위치는 여러 가지로 완벽했다.

유럽과 아시아, 그리고 지중해와 흑해를 연결하는 십자가

콘스탄티노플의 3중 성벽

모양의 중앙에 위치한 콘스탄티노플은 모든 방향에서 컨트롤이 가능했다. 또한 도시 자체가 삼각형 모양이기에 성벽도 한쪽만 세우고 나머지 부분으로 배를 통해 물량을 공급할 수 있었다.

그렇게 콘스탄티노플은 비잔티움 성벽, 콘스탄티누스 성벽, 테오도시우스 성벽이라는 전 세계에서 가장 강한 3중 성벽으로 둘러싸여 있었다. 뿐만 아니라 바다 쪽에서 침입할 수 있는 통로 또한 모두 쇠사슬로 막아 아무도 침입하지 못하도록 했다. 그렇게 콘스탄티노플은 성벽 안에서 중세기 1000년을 버틴다.

그러나 술탄Sultan 메흐메트 2세Mehmed II(재위 1444~1446, 1451~1481)에 의해 1453년 동로마 또한 정복되고 만다. 15세기 전 지중해를 점령한 오스만 투르크족Turk의 메흐메트 2세는 수백 척의 배를 육로로 옮겨 앞바다에서 공격하는 한편, 성벽 앞에는 헝가리의 기술자 우르반Urban이 개발한 신형 대포를 설치해 가장 취약한 곳을 6주간 집중 포격한다. 결국 1000년을 버틴 동로마는 그렇게 역사 속으로 사라지고 만다.

로마인들은 서로마가 정복당한 후에도 여전히 로마 제국은 멸망하지 않았다고 생각했다. 그들에게는 아직 동로마가 있었기 때문이다. 그러나 콘스탄티노플 또한 새로운 문명의 침략 앞에 무너지고 만다. 그리고 동로마는 비잔티움이라 불리며 그때부터 지금까지 역사의 중심에서 소외되어 왔다.

역사상   최고의

행운이
찾아오다

유럽에 찾아온 세 가지 행운

콘스탄티노플이 점령된 후 서유럽은 비약적인 발전을 이룬다. 인류 역사에서 단 한 번도 없었던 세 가지 행운이 한꺼번에 찾아온 것이다. 행운은 먼저 콘스탄티노플에 있던 기술자, 지식인, 부호들이 모두 이탈리아, 스페인 등의 유럽으로 이주하면서 시작된다. 그들의 이주는 단순히 영토 간 이동이 아닌, 그리스 로마 문명의 유럽으로의 이전을 의미했으며, 이를 통해 유럽 문명은 엄청난 도약을 이룬다.

2차 세계대전 전후를 배경으로 당시 유럽 최고의 과학자, 예술가, 사상가들이 미국으로 이주한 결과, 오늘날 미국이 전 세계의 패권을 장악할 수 있었던 것과 유사하다. 1990년대 소련 해체 후 고등 교육을 받았던 유대인들이 이스라엘로 이주하며 이스라엘이 사회적인 발전을 이룬 것도 이와 같은 맥락이다.

또한 8~15세기 동안 이베리아 반도를 지배한 이슬람 알 안달루스^Al-Andalus^가 스페인을 떠나고 가톨릭이 스페인 남부를 차지하자 무슬림들은 북아프리카로 이주한다. 이는 이슬람의 과학 문명에 그들이 흡수한 그리스 로마의 찬란한 문명까지 함께 전파하는 결과를 낳는다. 문명의 이식이 콘스탄티노플과 스페인 두 곳으로부터 이루어진 것이다.

그런데 유럽의 행운은 여기에서 끝나지 않는다. 아메리카 대륙의 발견으로 대규모의 새로운 시장이 창출된 것에 더해 구텐베르크의 활판 인쇄술 발명으로 종교개혁과 과학혁명의 계기가 마련된 것이다.

오늘날까지의 모든 세계사에서 지식의 급격한 증가, 새로운 시장의 창출, 지식 전파 기술의 발명이라는 세 가지가 각각이 아닌 동시에 이루어진 것은 전무후무하다. 이에 따라 유럽은 이제 전 세계의 중심에 서게 된다. 르네상스가 시작된 것이다.

예술의 재생이나 부활을 뜻하는 르네상스는 그리스 로마 문명을 재발견했다는 점에서 큰 의미를 지니지만, 결코 이 정도의 설명으로는 충분하지 않다. 유럽의 세상 정복에 그리스 로마 지식의 재발견은 필요조건일 뿐 충분조건은 아니다. 오늘날 유럽 문명의 성장을 이야기할 때 구텐베르크의 인쇄술과 아메리카 대륙의 발견은 결코 빼놓아서는 안 되는 조건이다. 새로운 시장의 발견이야말로 유럽 발전의 큰 동력이었기 때문이다.

때문에 이슬람 또한 아메리카를 개척하고자 했다. 물론 대서양을 건너기 위해서는 반드시 유럽이 지배하던 지중해를 지나야 한다는 지형상의 문제로 실패했지만 말이다. 그러므로 르네상스는 백 투 더 루츠back to the roots, 인쇄술, 아메리카 식문화의 합으로 보는 것이 타당하다.

1000년 동안 정체하던 유럽은 100~200년의 단기간에 비약적으로 퀀텀 점프quantum jump한다. 마이크로칩의 성능이 2년마다 두 배로 증가한다는 무어의 법칙Moore's law처럼 급격히 성장한 것이다. 물론 역사에서 이러한 발전이 유일한 것은 아니다. 우리나라가 조선 500년을 지나며 정체되어 있다가 20세기에 급성장을 이룬 것처럼 문명은 항상 똑같은 속도로 발전하지는 않는다.

그리고 이러한 사회의 발전을 가장 쉽게 눈으로 이해할 수 있는 분야가 바로 예술이다. 미술의 표현 양식은 곧 그 사회 전체의 분위기와 발전 정도를 반영하기 때문이다.

예술사로 본 암흑기로부터의 해방

13세기까지만 해도 유럽의 대부분 그림은 전통적인 동로마 비잔틴 양식이었다. 여기에는 세 가지 특징이 있는데, 종교적인 주제, 2차원적인 구도, 생동감 없는 표현이 그것이다. 물론 여기에는 이유가 있었다.

당시 중세기의 그림이란 '이 세상'이 아닌 '저 세상'을 표현하는 것이었다. 중세기에는 높은 문맹률 때문에 글 대신 그림을 이용해 신에 대해 이야기했다. 때문에 너무 생동감이 있으면 착

조토 디 본도네, 〈애도〉

시 현상을 일으킨다고 하여 오히려 지양되었다. 표현 기술 자체도 부족했겠지만 현실적이어야 할 이유가 없었다.

그런데 한 순간부터 특정 화가들이 조금씩 기존 관습을 깨뜨리기 시작한다. 계획된 움직임이라기보다는 세상의 변화에 발맞춰 자연스럽게 새로운 시도를 했던 것으로 보인다. 대표적인 화가로 이탈리아의 조토 디 본도네Giotto di Bondone가 있다.

〈애도Lamentation〉를 보면 사람들의 표정이 섬세하게 표현되어 있는 것을 알 수 있다. 그전까지 슬픔은 보는 것이 아니라 상상하는 것이었으므로, 단순히 고개를 아래로 떨군 것으로 표현될 뿐이었다. 또한 처음으로 그림에 스토리가 담긴다. 그리스 로마의 예술은 그렇게 1000년 중세기를 거쳐 다시 부활한다.

프라 안젤리코Fra Angelico 또한 〈천국의 궁정에서 영광을 받는 그리스도Christ Glorified in the Court of Heaven〉에서 이전에 트럼펫이나 나팔을 불며 예수님 옆에 장식적인 요소로만 표현되던 천사를 하나의 구성 요소로 등장시킨다.

그리고 이러한 예술 양식은 북유럽으로 건너가면서 분위기가 조금 어두워진다. 서유럽과 북유럽은 기후뿐만 아니라 로마 유적의 존재 유무 등 환경적인 차이가 컸는데, 이로부터 기인한 것으로 짐작할 수 있다. 독일의 유명한 화가 마티아스 그뤼네발트Matthias Grünewald의 〈이젠하임 제단화Isenheim Altarpiece〉에는 고통스러운 감정과 잔인함이 생동감 있게 표현된 것을 볼 수 있다.

플랑드르 화가 한스 멤링Hans Memling의 제단화 〈허영심Vanity〉

마티아스 그뤼네발트, 〈이젠하임 제단화〉

한스 멤링, 〈허영심〉

피에로 델라 프란체스카(왼쪽)와 안토니오 델 폴라이올로(오른쪽)의 초상화

에도 허영심을 가지지 말라는 중세기의 종교적인 사상이 잘 담겨 있다. 운명은 돌고 돈다는 중세 암흑기 '운명의 바퀴'처럼 말이다. 이처럼 혁신이나 혁명을 위한 노력에 게을렀던 중세기는 종교적이고 수동적인 문화 속에 정체되어 앞으로 나아가지 못하고 있었다.

그러다 르네상스에 와서 이탈리아의 미술은 조금 더 발전을 이루며 점점 더 밝은 색채를 사용해 표현하기 시작한다. 물론 아직까지도 비잔틴의 2차원적인 구도에서는 벗어나지 못했다.

피에로 델라 프란체스카^{Piero della Francesca}의 〈우르비노 공작 부부의 초상^{Portraits of the Duke and Duchess of Urbino}〉 중 페데리코 다 몬테펠트로^{Federico da Montefeltro}의 모습이나 안토니오 델 폴라이올로^{Antonio del Pollaiolo}의 〈젊은 여인의 옆얼굴 초상^{A Young Woman in Left Profile}〉에서 이를 찾아볼 수 있다.

미술사를 바꾼 네덜란드의 등장

이 시기 유럽의 미술 스타일은 크게 두 가지로 구분할 수 있다. 이탈리아는 기후나 환경 덕분에 색감은 밝으나 여전히 생동감 없는 조각 같은 표현을 했다면, 독일은 생동감은 있으나 색감 자체가 매우 어둡고 다소 잔인한 표현을 했다.

그런데 이때 색감의 사용과 생동감의 표현, 이 두 가지를 적절하게 잘 융합한 화가들이 등장한다. 바로 플랑드르, 네덜란드 화가들이다.

특히 북유럽 미술을 대표하는 플랑드르의 화가 로히어르 판데르 베이던Rogier van der Weyden은 절제된 감성과 섬세하고 정밀한 표현력을 보여준다. 그의 〈십자가에서 내려지는 그리스도The Descent from the Cross〉는 이전 이탈리아 화가들의 그림에 비해 조금 어두워 보이기는 하지만 독일 화가들처럼 잔인할 정도로 어둡지는 않다.

또한 그에 의해 처음으로 사선으로 약간 트는 구도의 초상화가 그려지기 시작한다. 조각처럼 뻣뻣했던 이전의 그림들과 달리 입체적이고 생동감 있어 보이는 모습이다. 앞서 그리스 조각들이 페르시아 전쟁 이후 생동감을 얻었던 것과 비교해볼 수 있다.

특히 그가 그린 초상화들을 보면 등장하는 인물들이 차분해 보이는 겉모습과 달리 내면에 잔인함을 담고 있어 보이는데, 그만큼 감정이 섬세하게 표현되었다는 것을 의미한다. 입술은 무엇인가를 깨물고 있는 것처럼 강하게 다물어져 있고, 손은 분노를 참기 위해 맞잡고 있는 것처럼 표현되는 등 많은 해석의 여지를 남긴다.

판 데르 베이던의 이러한 각도 변화는 이후 이탈리아의 레오나르도 다빈치와 플랑드르의 페트루스 크리스투스Petrus Christus에게 영향을 준다.

특히 안드레아 만테냐Andrea Mantegna의 〈죽은 예수 그리스도에 대한 애도The Lamentation over the Dead Christ〉는 이전 예수님을 그린 그림

로히어르 판 데르 베이던, 〈십자가에서 내려지는 그리스도〉

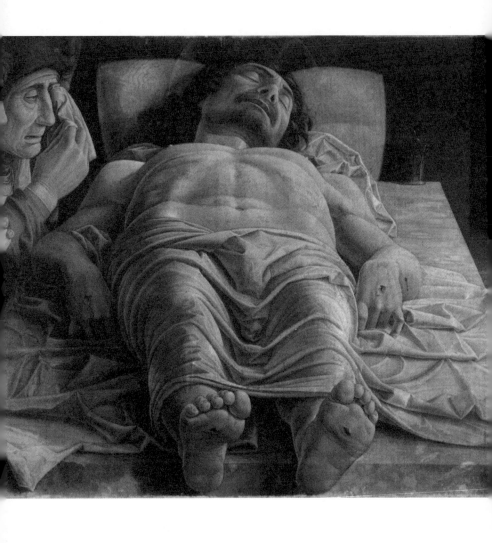

안드레아 만테냐, 〈죽은 예수 그리스도에 대한 애도〉

과 달리 굉장히 충격적인 구도로 그려져 있다. 정면이나 위에서 보던 일반적인 구도에서 벗어나 과감히 발바닥 아래에서 예수 님을 본 모습이다. 몸에 남은 못 자국 또한 실감 나게 표현되어 있다.

물론 이때까지만 해도 중세기의 종교적인 주제는 아직 벗어 나지 못한 상태였다. 하지만 지금까지 시도되지 않았던 전혀 새 로운 각도로 표현하기 시작했다는 점은 예술사에 또 한번의 발 전으로 기록되기에 충분했다. 그리고 이러한 혁신을 가장 파격 적으로 시도한 화가가 바로 미켈란젤로 다 카라바조Michelangelo da Caravaggio다.

카라바조는 성경의 이야기를 그리면서도 단 한 번도 보지 못한 식으로 주제를 표현한다. 〈홀로페르네스의 목을 베는 유 디트Judith Beheading Holofernes〉는 디아도키의 장군 홀로페르네스의 참 수에 관한 성경 이야기를 그린 것으로, 과도할 정도로 잔인하게 표현되었다.

카라바조의 〈의심하는 도마The Incredulity of St. Thomas〉는 3일 만에 다시 부활한 예수님을 의심하며 제자들이 손가락으로 상처 부 위를 직접 만져보는 장면을 담고 있다. 이처럼 '나를 만지지 말 라'는 의미의 '놀리 메 탄게레Noli Me Tangere'는 기독교의 미술 주제 중의 하나였다.

카라바조는 이처럼 초현실적인 주제에 현실적인 표현을 더 했는데, 그의 그림에 나오는 사람들은 모두 주위에서 흔히 볼

카라바조, 〈의심하는 도마〉

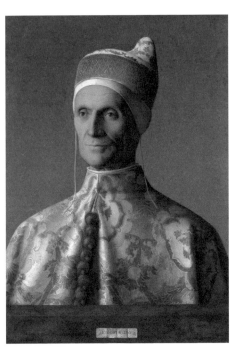

조반니 벨리니(왼쪽)와 아그놀로 브론치의 초상화(오른쪽)

수 있는 평범한 사람의 모습이었다. 그러나 카라바조도 결국 주제의 벽은 넘지 못한다. 카라바조를 기점으로 이탈리아는 표현으로는 최고의 정점에 올라서지만 주제로는 여전히 종교에 갇혀 있는 상태였다.

특히 후기 르네상스의 조반니 벨리니Giovanni Bellini의 〈레오나르도 로레단 총독의 초상Portrait Doge Leonardo Loredan〉이나 아그놀로 브론치노Agnolo Bronzino의 〈젊은 남자의 초상Portrait of a Young Man〉을 보면 색감이나 표현이 상상을 초월할 정도로 발전되었다는 것을 알 수 있다. 그러나 다만 표현 기술의 발전일 뿐이었다. 당시 이탈리아의 그림은 무엇보다 아름답지만 아무 의미가 없는, 오늘날 이탈리아의 명품과도 같았다.

누가
어떻게

기회를

잡는가

미술 속 일상의 발견

네덜란드에서는 매너리즘에 빠진 이탈리아를 뒤로하고 또 한 번의 혁신이 일어난다. 이를 이끈 화가는 얀 반 에이크Jan van Eyck 로, 그를 통해 그림의 주제는 성경을 벗어나 훨씬 다채로워진 다. 특히 그의 그림 〈롤랭 대주교와 성모La Vierge du chancelier Rolin〉는 성경의 이야기를 그리고 있으면서도 그 안에 스폰서의 얼굴을 그려 넣는 등 파격적인 시도가 이루어진 작품이다.

얀 반 에이크는 〈아르놀피니 부부의 초상Portrait of Giovanni Arnolfini and His Wife〉의 거울에는 자신의 얼굴을 그려 넣기도 하는데, 이때 부터 화가들은 자신을 적극적으로 보여주기 시작한다. 이후 네 덜란드는 형태뿐만 아니라 그 주제 또한 중세기에서 벗어나기 시작한다. 더 이상 종교나 신화가 아닌 조금 더 일상의 삶을 주 제로 삼기 시작한 것이다.

얀 반 에이크, 〈롤랭 대주교와 성모〉

얀 반 에이크, 〈아르놀피니 부부의 초상〉

그리고 이는 플랑드르의 화가 크벤틴 마시스Quentin Matsys에 의해 절정을 이룬다. 더 이상 하늘과 천국이 아닌, 지금 살고 있는 세상에 대해 이야기하기 시작한 것이다. 중세기에 '저 세상'에 있었던 시선이 르네상스에 이르러 '이 세상'으로 돌아오고 있었다.

그의 그림 중 유명한 〈어울리지 않는 연인Ill-Matched Lovers〉은 나이든 남자와 젊은 여성의 대비를 통해 돈을 둘러싼 탐욕에 관한 이야기를 그려내고 있다. 생김새만으로는 남성에게 속셈이 있어 보이지만 실상 돈을 훔치는 것은 여성으로, 일종의 착시 현상을 통해 겉모습의 진실에 대해 이야기한다.

〈대금업자와 그의 아내The Moneylender and his wife〉에서도 재미있는 장치를 여러 곳에 숨겨둔다. 먼저 얀 반 에이크처럼 거울에는 화가 자신의 얼굴을 그려 넣었다. 그리고 손에 성경책을 잡고 있는 것과 달리 눈은 돈에 머물러 있는 아내의 모습을 통해 겉과 속, 참과 거짓을 표현한다. 이제 그림의 주제는 완전히 성경을 벗어나 일상의 삶에 머무르기 시작한다.

이러한 표현은 점점 더 발달하며, 피터르 브뤼헐에서 절정을 이룬다. 〈농부의 결혼식Peasant Wedding〉에는 평범한 사람들의 척박한 현실이, 〈게으름뱅이의 천국The Land of Cockaigne〉에는 '이 세상'의 소소한 기쁨에서 찾은 행복이 담겨진다. 이제 행복은 선을 베풀고 '저 세상'의 천국으로 가는 종교적인 문제가 아니었다. 이때부터 유럽, 특히 네덜란드는 점차 실용주의로 나아가게 된다.

크벤틴 마시스, 〈어울리지 않는 연인〉(위)과 〈대금업자와 그의 아내〉(아래)

피터르 브뤼헐, 〈농부의 결혼식〉(위)과 〈게으름뱅이의 천국〉(아래)

개인과 실용의 조화를 이루다

인류의 역사는 항상 이념과 실용, 그리고 개인과 공동체라는 네 가지 요소가 어떻게 조합되는가에 따라 큰 차이를 보인다. 지금까지의 역사를 보면 이념을 중시하고 공동체를 개인보다 우위에 두는 사회는 모두 전쟁이 일어나고 경제적으로도 큰 어려움을 겪어왔다. 중세기 1000년, 이슬람 500년, 조선 500년 동안의 사회는 극심한 혼란의 시기였다.

반대로 실용을 중시하고 개인에게 이념의 자유를 부여한 사회는 발전했다. 그렇다면 지금까지의 역사를 통해 우리가 선택해야 할 답은 도출된 셈이다. 발전을 위해서라면 이념은 종교와 같이 개인의 자유에 맡기고 사회는 실용적인 노선에 따라 운영되어야 하는 것이다.

그리고 네덜란드는 이념에 빠진 중세기 1000년을 지나 유럽에서 처음으로 실용주의를 국가의 방향으로 삼는다. 17세기 네덜란드 미술의 거장 프란스 할스Frans Hals의 〈이삭 마사 부부의 초상Marriage Portrait of Isaac Massa and Beatrix van der Laen〉에서 남녀는 평등하게 등장한다. 이전의 비잔틴 양식에서만 봐도 신, 남자, 여자, 아이의 순서로 그 우위가 정해져 있었지만, 네덜란드는 그러한 개념에서 탈피한다.

그런데 이처럼 남녀가 평등하게 등장하는 것은 당시의 네덜란드 상황과도 연관이 있다. 당시 신성로마 제국의 황제가 스페인 왕이었기에 스페인은 브라질을 제외한 중남미 전체와 필리

프란스 할스, 〈이삭 마사 부부의 초상〉

핀까지 제국의 영토로 삼고 있었다. 네덜란드는 이러한 스페인과 80년 전쟁 끝에 독립해 공화국을 이루는데, 여기에는 종교 개혁 이후 네덜란드에 빠르게 확산되었던 개신교를 로마 가톨릭 교회에 대한 이단으로 보아 억압했던 것 또한 그 이유가 되었다.

주목할 점은 80년이라는 긴 전쟁을 겪고 독립한 후에도 네덜란드는 더욱 발전을 이룬다는 것이다. 물론 1648년 독립한 후 처음 네덜란드는 세 가지 문제에 부딪친다.

첫째, 영토가 작은데다 그마저도 4분의 1은 해수면보다 낮고 절반 이상은 수시로 홍수가 날 위험성이 컸다. 당연히 농사를 짓기에도 여의치 않았다. 둘째, 스페인의 왕이 곧 신성로마제국의 황제였기에 전쟁을 통해 독립한 네덜란드는 유럽 대륙과는 무역을 할 수 없었다. 셋째, 나라 자체가 워낙 작았기에 인구도, 그 안의 인재의 수도 그만큼 적었다.

그러나 네덜란드는 이 모든 것을 극복하는 데 성공한다. 지금까지도 세상에서 가장 효율적인 나라로 네덜란드를 꼽는 이유가 바로 여기에 있다. 첫째, 댐을 만들어 바다를 막아 농사가 가능한 땅으로 탈바꿈했다. 둘째, 세계 무역을 만들어 전 세계와 거래를 했다. 셋째, 개방 사회를 만들어 전 유럽에서 박해받고 차별받는 사람들을 수용해 그들이 가진 지식과 기술을 모두 받아들였다. 새로운 기술, 개척 정신, 사회의 개방, 이 세 가지 성공 공식을 통해 네덜란드는 당면한 문제를 해결한다.

세계 시장을 개척하다

네덜란드가 이룬 성공 공식 중 가장 주목해야 할 점은 최초로 세계 무역을 개척했다는 것이다. 네덜란드는 유럽을 대신해 아메리카 신대륙, 아프리카, 아시아로 무역의 거점을 확장한다. 그리고 이를 위해 1602년 전 세계 최초로 동인도회사를 세우고, 1621년 북미 대륙의 독점 무역을 위해 서인도회사 또한 이어 설립한다.

이에 따라 1624년 지금의 뉴욕인 뉴암스테르담New Amsterdam, 1627년 인도네시아 바타비아Batavia, 1634년 일본 나가사키 데지마, 1665년 인도 벵골에 회사가 세워진다. 또한 네덜란드는 이때 뉴암스테르담의 인디언들로부터 자신들의 재산과 안전을 보호하기 위해 벽을 건설하는데, 이것이 바로 지금의 월스트리트다. 지금은 사라졌지만 당시에는 실제 성벽이 존재했다.

이처럼 네덜란드가 동인도회사를 전 세계에 설립하고 무역을 할 수 있었던 것은 공동 출자 덕분이었다. 주식회사를 설립해 주식 발행을 통해 무역에 필요한 자본금을 모은 동인도회사는 세계 최초의 증권 거래소를 암스테르담에 열었다.

옵션, 선물, 공매도를 비롯한 금융의 전문 용어나 유한책임limited liability 등의 시스템이 모두 17세기의 암스테르담에서 만들어진다. 오늘날 대규모 자본의 흐름을 효율적으로 관리할 수 있는 시스템이 이때 처음 만들어진 것이다. 우리는 흔히 자본주의가 미국 또는 영국에서 만들어졌다고 알고 있지만 그 시작은 암스테르담이었다.

네덜란드의 동인도회사는 세계를 무대로 했던 만큼 우리에게도 큰 영향을 미친다. 이미 16세기부터 포르투갈과 거래를 해왔던 일본은 네덜란드와도 무역을 시작하며 우리나라보다 거의 300년 먼저 세상에 눈을 뜬다.

임진왜란 때 네덜란드와 포르투갈의 용병들이 참여했던 것은 널리 알려진 사실이다. 이때 일본이 승리할 수 있었던 이유 중의 하나가 일찍이 앞선 서양의 기술들, 특히 총을 가지고 있었기 때문으로, 임진왜란 당시 전 세계에서 총을 가장 많이 가지고 있었던 나라가 일본이었다는 이야기가 전해질 정도다.

흔히 일본의 근대화를 대표하는 인물로 요시다 쇼인^{吉田松陰}을 꼽지만 일본에는 그보다 앞선 16세기에 이미 아메리카와 유럽 대륙에 발을 내디딘 인물이 있었다. 바로 하세쿠라 쓰네나가^{支倉常長}다. 1613~1615년까지 이어진 그의 행로는 아메리카 대륙과 대서양을 넘어 스페인과 로마까지 이어진다. 또한 이때 그는 산 후안 바우티스타^{San Juan Bautista}라는 배를 타고 갔는데, 포르투갈의 갈레온선^{galleon}을 역공학해 직접 건조한 배였다. 지금은 그 모사품이 남아 있다.

이처럼 일본은 사실상 19세기보다 훨씬 앞선 16세기, 300년 전 개항을 통해 세상을 먼저 인식하기 시작한다. 지금도 로마의 퀴리날레^{Quirinale} 궁전에 가면 쓰네나가를 비롯한 사절단의 모습이 벽화로 남아 있다.

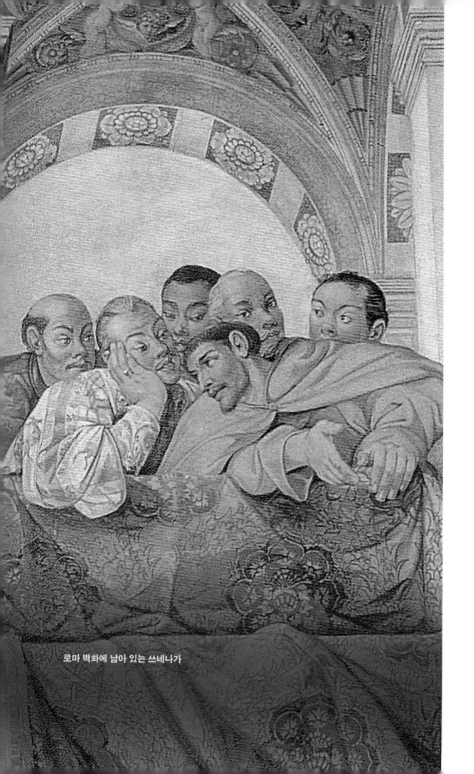

로마 벽화에 남아 있는 쓰네나가

그러나 역사는 그렇게 평탄하게 흘러가지만은 않았다. 기독교 신자였던 쓰네나가가 다시 돌아왔을 때 일본은 쇼군이 바뀌고 기독교 금교령이 내려져 있었다. 일본은 무역을 통해 얻은 배와 총까지도 모두 폐기하고 그렇게 고립을 자초한다.

여기에서의 핵심은 모든 나라에 기회는 찾아온다는 것이다. 물론 15세기의 유럽처럼 그리스 로마 지식의 이식, 아메리카 대륙의 발견, 인쇄 기술의 발명이라는 세 가지 기회가 한꺼번에 찾아오는 경우는 없다. 이는 분명 행운이었다.

하지만 역사를 되짚어보면 모든 나라가 도약을 위한 기회를 한 번씩은 부여받는다. 일본은 그 기회를 놓치고 만 것이고, 중국 또한 마찬가지였다. 명나라 때 일곱 차례의 대원정을 이끈 정화鄭和의 모든 성과 또한 영락제永樂帝가 죽은 뒤 황제가 된 홍희제洪熙帝에 의해 철저히 폐기된다. 역사가 준 기회도 함께 말이다.

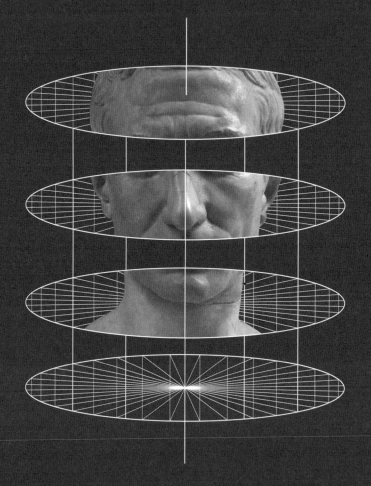

4부

유산

누가

로마 다음의
역사를

쓸 것인가

세상은 발전하는 방향으로만 흘러가지 않는다. 4차 산업혁명으로 놀랄 만한 혁신을 이룬 오늘날, 전 세계는 멸망한 제국의 형상을 닮아가고 있다. 21세기의 세계는 여전히 중세기의 전쟁을 치르고, 가속화되는 세계화의 물결 속에 자유민주주의는 위기에 처했다.

그러나 아직 희망은 있다. 우리에게는 되돌릴 수 있는 시간이 아직 남아 있다.

전쟁은
인간의

본능이다

새로운 제국은 등장할 것인가

지금까지 역사에는 팍스 로마나, 팍스 브리타니카^{Pax Britannica}, 팍스 아메리카나를 비롯한 다양한 제국이 등장했다. 그리고 팍스 로마나는 여전히 유럽인들의 정신 속에 영원한 제국으로 존재한다. 유럽연합은 1957년 첫 협상의 장소로 팍스 로마나가 시작된 곳, 로마를 택했다.

서로마가 멸망한 후 유럽에는 1000년 동안 암흑의 세계가 이어졌다. 사회는 아무런 발전이 없었다. 30만 년 전 세상에 등장한 인류에게 1만 년 전 농경사회가 되기 전 29만 년 동안 아무런 본질적인 변화가 없었던 것처럼, 찬란했던 로마 문명은 쇠락의 기운만 간직한 채 정체되어 있었다.

그러나 역사는 유럽에 세 가지 행운을 가져다줬다. 그리스 로마 지식의 이식, 아메리카 대륙의 발견, 인쇄 기술의 발명을 통해 유럽은 다시 한번 재기에 성공했고 네덜란드는 이들을 가장 효율적으로 사용한다.

그러나 네덜란드는 끝내 제국의 영광은 안지 못했다. 역사에 '팍스 네덜란디코스'는 기록되지 않았다. 영토를 정복해 제국이 되려는 야욕을 부리기보다는 실용적인 목적에 따른 세계 무역에만 집중했을 뿐이다. 물론 작은 나라가 지닌 본질적인 한계도 작용했을 것이다.

지금도 네덜란드에 가면 건물에서부터 실용주의의 색채를 강하게 느낄 수 있다. 외형적으로 뛰어난 건물도 없지만, 반대로 보기에 흉한 건물도 없다. 사실 사람의 모습이나 이를 둘러싼 환경만 봐도 나라를 이끌어가는 중심 사상이 무엇인지를 유추할 수 있다.

로마는 여전히 찬란했던 과거의 영광을 그리워한다. 파리는 조르주 외젠 오스만Georges-Eugène Haussmann의 도시 계획에 의해 사람을 위한 도시가 아니라 행진을 위한 도시가 되었다. 런던은 구불구불한 골목을 따라가다 보면 상인들의 도시라는 것이 느껴진다.

네덜란드의 실용주의는 그들에게 제국의 영광을 주지는 못했지만 오늘날 전 세계에 큰 영향을 미쳤다. 앞서 말했듯이 네덜란드에 의해 오늘날 예술사는 바뀌었다.

네덜란드는 예술의 주인공을 신에서 일상의 평범한 사람들로 끌어옴으로써 반복되는 '운명의 바퀴'에 갇혀 있던 중세기

사상과의 단절을 이끌었다. 또한 네덜란드인들이 세계 무역을 통해 만든 금융 시스템은 오늘날 효율적인 자본의 흐름을 가능하게 했다.

자본의 움직임이 왜 중요한지는 예를 들면 더욱 이해가 쉽다. 자영업의 경우 운 좋게 장사가 잘 되어서 2호점을 내고 싶더라도 일정 수준의 자본금이 없다면 불가능하다. 그런데 이때 누군가 꼬박 10년을 모아야 하는 금액을 나의 신용을 바탕으로 빌려준다면 더 많은 흑자를 통해 부채도 갚고 수익 또한 더 많이 거둘 수 있게 된다. 여기에서의 핵심은 미래에 대한 믿음과 서로 간의 신용이다.

인간이 가진 자원 중에서 절대로 뛰어넘을 수 없는 한계를 지닌 자원은 바로 과거다. 우리는 결코 과거를 바꿀 수 없기 때문이다. 때문에 과거에 집착하는 나라들은 모두 '운명의 바퀴'에 빠질 수밖에 없다.

그러나 미래는 무한이다. 미래에 대한 믿음과 확신을 통해 집중하면 엄청난 투자가 가능하다. 많은 기업들이 새로운 사업에 투자하는 이유도 미래에 더 잘될 것이라는 믿음을 갖고 있기 때문이다. 경제학에서 이야기하는 효율성과 팽창 또한 이와 다르지 않다.

이처럼 네덜란드는 1000년 동안 중세 암흑기를 지나온 유럽에 미래에 대한 믿음과 신용을 바탕으로 자본의 효율적인 시스템을 심어주었고, 이로써 유럽의 기나긴 중세기가 마감되도록 이끌었다. 그리고 영국은 네덜란드의 앞서간 시스템을 그대로 흡수한다.

오늘날에는 동인도회사와 서인도회사 하면 네덜란드보다는 영국이 떠오를 정도로 영국은 증기기관의 혁신적 진보를 통해 1차 산업혁명을 이루며 19세기 말에 세계 패권을 장악한다. 네덜란드의 자본과 시스템도 기술의 한계는 극복할 수 없었던 것이다. 그렇게 네덜란드의 실용주의는 결국 영국으로 건너가 팍스 브리타니카로 실현되었다.

그리고 1차 세계대전과 2차 세계대전이 끝난 후 유럽 수십만 명의 훌륭한 인재들은 이제 미국으로 건너간다. 마치 콘스탄티노플이 멸망한 후 그곳의 인재들이 모두 유럽으로 넘어갔던 것과 같이 미국은 유럽의 지식과 기술을 고스란히 흡수한다. 그렇게 팍스 브리타니카를 기반으로 미국은 2차 산업혁명의 전기, 3차 산업혁명의 IT를 완성시키며 팍스 아메리카나의 시대를 열었다.

그리고 이제부터는 미래의 이야기다. 이제는 4차 산업혁명을 바탕으로 팍스 시니카Pax Sinica가 도래하지 않을까 생각한다. 중국이 현재 로마, 네덜란드, 영국 등의 세계 역사에 큰 관심을 가지고 있는 것도 우연은 아닐 것이다. 또한 중국은 정치인들의 상당수가 공학자이다 보니 역사 또한 이성적으로 판단하고 배우려는 경향이 크다.

물론 미래의 일은 아무도 모른다. 다만 다음에 이어받을 주자는 네덜란드의 시스템을 이어받은 팍스 브리타니카, 다시 이를 집약한 팍스 아메리카나의 모든 지식과 기술을 흡수한 더욱 강력한 제국일 것만은 확실하다.

제국과 전쟁의 역사

그렇다면 미래에 등장할 새로운 제국은 과연 어떠한 이데올로기를 기반으로, 어떠한 방식으로 전 세계의 패권을 거머쥐게 될까? 인간이 전쟁과 죽음의 공포에서 벗어나 평화로운 일상생활을 영위하게 된 지는 사실 얼마 되지 않았다. 그마저도 아프리카나 중동에 있는 대부분 국가들에서는 여전히 누릴 수 없는 것이 현실이다.

30만 년 전 호모 사피엔스가 처음 등장하고 상당히 오랜 시간이 흐른 후 인류는 도시를 만들었다. 겨우 1만 년 전의 일이다. 현대 과학기술의 혁신적인 변화의 출발점이 된 산업혁명조차도 불과 250년 정도밖에 지나지 않았다. 결국 인류의 삶이 산업혁명 후부터 개선되었다고 본다면 인류 역사의 90퍼센트 이상은 전쟁과 죽음의 공포에서 결코 자유롭지 못했다고 할 수 있다.

전쟁은 잔인하다. 아직 아름다운 여자와의 입맞춤을 경험하지 못한 청년의 미래를 빼앗아가고, 가족과 고향을 그리워하는 아버지의 희망을 짓밟고, 그리운 남편과 아들의 얼굴을 영원히 추억으로만 그리게 한다. 어디 그뿐일까? 전쟁은 문명과 문화를 파괴하고, 인간을 다시 동물로 만든다. 어제까지 책상에 앉아 서류와 씨름하던 평범한 회사원이 학살을 하고 죽은 자의 시체에 오줌을 누게 하니 말이다.

개인과 국가의 불행인 전쟁. 인류는 왜 비문명에서 벗어나려 하면서도 야만적인 전쟁의 역사는 종식시키지 못하는 것일까? 왜 전 세계의 국가는 여전히 천문학적인 비용과 에너지를 전쟁에 투자하고 있는 것일까? 새로운 제국이 탄생하기 위해 전쟁은 결코 외면할 수 없는 선택일까?

중국 춘추시대의 병법가 손무의 『손자병법』, 그리스의 역사가 투키디데스의 『펠로폰네소스 전쟁사』, 로마의 정치가 카이사르의 『갈리아 전쟁기』, 16세기 이탈리아의 정치 사상가 마키아벨리Niccoló Machiavelli의 『정략론』, 프로이센의 군사학자 클라우제비츠Carl von Clausewitz의 『전쟁론』 등 전쟁과 관련된 책은 수도 없이 많다.

그러나 텔아비브대학교 교수인 역사학자이자 정치학자, 그리고 이스라엘 정부의 국가 안보 자문 위원인 아자 가트Azar Gat는 『문명과 전쟁』이라는 책에서 보다 본질적인 질문을 던진다. 인간은 왜 전쟁을 할까?

지금까지 정치학에서는 전쟁의 원인에 대한 수많은 연구를 끊임없이 수행해왔다. 그러나 그중에서도 특히 가트의 이야기에 귀 기울이게 되는 이유는 그가 성장해온 특별한 환경적 요건에 있다.

가트는 6세가 되던 해에 경험한 주변 아랍 국가들과의 '6일 전쟁'을 시작으로, 평생 전쟁과 함께 살았다고 해도 과장이 아닌 환경 속에서 성장했다. 전쟁은 가트에게 추상적인 개념이 아니라 실질적 삶과 죽음을 좌우하는 '인간의 조건'인 것이다.

가트가 책에서 내린 결론은 사실 아주 간단하다. 수많은 전쟁 또는 폭력성의 원인은 결국 진화적인 것이라는 것이다. 인간이 원하는 그 욕망들이 새로운 포장을 덧입는 것일 뿐, 결국 제국을 만들겠다는 것 또한 나의 유전을 뿌리내리기 위한 방법의 하나라는 것. 인간의 폭력성은 계속 포장되고 있기에 현상만 보고 혼동하면 안 된다는 것이다.

전쟁과 인간의 폭력성

여기에서 질문을 하나 제기할 수 있다. 전쟁이 싸움을 통해 다른 민족이나 국가의 영토를 빼앗는 기능을 한다면, 즉 전쟁이 기능적인 작용만을 한다면 전쟁이 이처럼 필요 이상으로 잔인할 이유가 있느냐는 것이다. 전쟁은 우리가 상상할 수 없을 정도의 폭력성을 보여주기 때문이다.

1885~1908년까지 콩고는 벨기에의 왕 레오폴드 2세^{Leopold II} (재위 1075~1095)의 개인 식민지가 되어 무자비한 수탈과 잔혹한 통치를 견뎌내야만 했다. 당시 고무 농장에서 강제 노역을 하며 할당량을 채우지 못한 콩고인들은 손발이 잘렸으며 이렇게 죽은 사람들이 수백만 명에 이르렀다. 현재 브뤼셀에 있는

아우슈비츠에서 사망한 폴란드 소녀

멋진 건물들 또한 당시 콩고에서 캐낸 다이아몬드로 쌓아올려
졌다고 해도 무리는 아니다.

캄보디아의 공산주의 정치가 폴 포트^{Pol Pot}는 부유한 집안에
서 자라 엘리트로 성장했으나 프랑스 유학 후 공산주의에 빠져
쿠데타를 일으킨다. 그리고 이후 공산주의 사회를 완성하는 데
방해가 된다고 생각한 지식인들, 외국어를 구사하고 글을 쓸 줄
아는 공무원, 교수, 의사 등의 전문직 종사자와 중상류층 사람
들 수백 만 명을 처형한다.

2차 세계대전 때 나치가 저지른 홀로코스트^{holocaust} 또한 전
쟁에 담긴 폭력성을 그대로 재현한다. 독일군에게 끌려가 아우
슈비츠 강제 수용소에서 죽은 14세의 소녀 체슬라와 크오카^{Cze-slawa Kwoka}의 마지막 모습에는 물리적인 폭력의 흔적이 고스란히
드러나 있다. 히틀러의 지시에 따라 홀로코스트를 계획한 책임

자 아돌프 아이히만Adolf Eichmann은 2차 세계대전이 끝나고 아르헨티나로 도망쳤으나 이스라엘 비밀경찰 모사드mossad에 체포되어 예루살렘에서 재판을 받고 처형된다.

당시 독일 출신의 미국 철학자 한나 아렌트Hannah Arendt는《뉴요커》의 취재원 자격으로 아이히만의 재판을 참관한다. 그러나 저지른 죄에 비해 너무나 평범한 아이히만의 모습을 접한 한나 아렌트는『예루살렘의 아이히만』을 통해 '악의 평범성banality of evil'이라는 개념을 도출한다. 참극은 체제에 순응한 평범한 사람이 상부의 부당한 지시를 무비판적으로 수행할 때 벌어진다는 것이다.

도대체 인간의 잔혹함은 어디에서 기인한 것일까? 이러한 질문은 특히 2차 세계대전 후 독일에서 많이 제기되었다. 악을 저지른 사람들이 특정한 누군가가 아니고 모두 우리의 아버지와 아들이었기 때문이다.

단순히 그 사람이 나쁘다고 비판만 하는 것은 쉽기는 해도 결코 완벽한 답이 되지는 않는다. 역사를 돌려봤을 때 나라면 어떻게 했을지에 대한 질문에서 시작해 얻는 답이야말로 미래에 도움이 된다.

특히 우리나라는 일본에 대한 감정이 좋지 않은데, 그러면서도 우리나라 군인들이 베트남에서 저지른 만행은 외면하고 싶어 한다. 악을 우리가 아닌 외부에서 찾는 것이다. 만약 우리가 비슷한 상황에 있었다면 어떻게 했을지 생각해보는 자세가 필요하다. 결코 상대방에 면죄를 주자는 것이 아니다. 제대로 된 인과관계를 이해함으로써 같은 일을 미래에 반복하지 않기 위한 것이다.

문명은

폭력 위에
세워진다

'악의 평범성'을 확인하다

'악의 평범성'의 실체를 밝히고자 하버드대학교 교수인 미국 사회 심리학자 스탠리 밀그램Stanley Milgram은 한 가지 실험을 진행한다. 1963년 「복종에 관한 행동의 연구」라는 논문으로 발표된 이 실험은 '밀그램 실험'이라 불린다. 한나 아렌트가 이야기한 것처럼 인간의 폭력성과 잔인함은 평범한 사람에게도 잠재되어 있는 것인지를 밝히고자 한 것이다.

실험 방법은 이렇다. 실험 참가자는 교사의 역할을 맡아, 학생이 암기 과제를 틀릴 때마다 15~450볼트까지의 단계적인 전기 충격을 가한다. 이때 실험 참가자와 학생은 벽으로 구분되어 서로 볼 수 없다. 학생은 전문 연기자이고 전류는 실제 흐르지 않지만, 교사 역할을 하는 실험 참가자는 실제 상황이라고 믿고 있다. 일종의 암기에 관한 강화 학습의 효과를 측정하기 위한 실험으로 꾸민 것이다.

그리고 그 결과 충격적인 상황이 벌어진다. 연기자인 학생이 전기 충격을 받은 듯 비명을 지르며 고통을 호소하는 연기를 했음에도 실험을 계속하라는 책임자의 지시를 받은 실험 참가자의 65퍼센트는 전압을 450볼트 최고 단계까지 올렸다.

사실 밀그램의 실험 디자인은 오늘날 관점에서 보면 많은 문제가 있어 보인다. 피험자가 모든 상황이 꾸며진 것이었다는 사실을 정말 몰랐을까? 연구 책임자가 피험자의 선택을 강요한 것은 아닐까? 데이터 분석 면에서도 몇 가지가 수상하다. 모든 결과가 아닌, 밀그램이 원하던 결과만 논문에 소개했다는 의심도 해볼 수 있다. 하지만 가장 중요한 점은 바로 이것이다: 정확한 퍼센트와 숫자를 떠나, '평범한' 사람 역시 타인에게 전기 고문을 할 수 있다는 사실이다.

밀그램 실험은 결국 독일 철학자 아도르노Theodor Adorno와 호르크하이머Max Horkheimer가 "계몽은 세련된 야만이다"라고 이야기한 것처럼 인간이란 아무리 계몽되었다고 하더라도 야만적이고, 내 책임이 아닌 상부의 명령이라면 복종할 수도 있다는 점을 보여준다.

당시 2차 세계대전 때도 독일 국민 대부분이 홀로코스트에 참여했지만 전쟁이 끝난 후에는 모두 그 책임을 회피했다. 결국 모든 책임은 아돌프 히틀러만을 향했다. 우리나라라고 해서, 또 나라고 해서 다르지는 않다. 누구나 그렇게 될 수 있는 것이다.

또 하나 비슷한 실험은 스탠퍼드대학교 교수인 미국 심리학자 필립 짐바도르Philip Zimbardo가 1971년에 감옥에서의 상황을 알아보기 위한 목적으로 실시한 것으로, '스탠퍼드 감옥 실험'이라 불린다. 이 실험은 본래 2주를 계획했으나 실험이 점차 관리자들의 통제를 벗어나 예상하지 못한 방향으로 흘러가자 6일 만에 중단되었다. 그 결과가 너무 충격적이어서 이를 소재로 한 영화 〈엑스페리먼트The Experiment〉와 〈더 스탠퍼드 프리즌 엑스페리먼트The Stanford Prison Experiment〉가 제작되기도 했다.

실험에서는 24명의 대학생을 무작위하게 두 그룹으로 나눈 후, 죄수와 교도관의 역할을 부여한다. 이들은 스탠퍼드대학교 심리학과 건물 지하의 가짜 감옥에서 살았는데, 시간이 흐르면서 교도관들은 자발적으로 규칙을 만들고 강압적으로 행동했고, 죄수들은 순종적으로 변해가기 시작한다. 진행될수록 점차 폭력성이 강해지고 참가자들이 다치는 상황까지 벌어지자 실험은 중단되었지만, 인간을 대상으로 한 부도덕한 실험으로 비난을 면하지 못했다.

그리고 이로부터 30여 년이 지난 2003년, 미군이 아부 그라이브Abu Ghraib 감옥에서 이라크 포로들을 학대 및 살해한 사건을 설명할 때 이 실험은 다시 언급된다. 사람을 마치 동물처럼 목에 줄을 매서 끌고 다니는 반사회적인 모습은 악과 연관이 없어 보였던 평범한 사람조차도 환경에 따라 변할 수 있다는 실험의 충격적인 결과를 눈으로 확인하게 했다.

이라크 아부 그라이브 감옥의 미군

영국 작가 윌리엄 골딩^{William Golding}의 소설 『파리대왕』은 인간의 내면에 잠재되어 있는 힘과 권력에 대한 욕망을 이야기한다. 영국이 핵전쟁의 위험에서 어린아이 25명을 대피시키고자 띄운 비행기가 무인도에 추락하면서 벌어지는 이야기로, 생존을 위해 서로 편을 나누고 와해되는 것을 넘어, 그 과정에서 살인까지 벌어지는 모습을 통해 인간에게 숨겨져 있는 사악함의 실체를 드러낸다.

이와 관련한 실험 또한 로버스 케이브 주립공원에서 실제 진행되었다. 오클라호마대학교 교수인 터키 출신의 미국 사회 심리학자 무자퍼 셰리프^{Muzafer Sherif}가 1954년에 진행한 것으로, '로버스 동굴 공원 실험'이라 불린다. 그룹 내에서의 관계 형성과 그룹 간 갈등이 일어나는 과정을 밝히기 위한 목적으로 진행된 실험으로, 비슷한 환경에서 자란 11~12세 사이 소년 22명을 무작위로 두 그룹으로 나눠 진행했다.

그 결과 소년들은 내집단에 대해서는 애착과 소속감을 가졌으며, 외집단에 대해서는 선입견과 갈등이 심화되는 모습을 보였다. 이 실험을 통해 집단 간의 차이는 실제가 아닌 차별 요소를 찾는 과정에서 심화되며, 따라서 협력할 과제가 있거나 공공의 적이 있을 경우 적대적이었던 외집단과의 관계가 개선될 수 있다는 점이 확인되었다.

결국 민족주의, 그로부터 촉발되는 국가 간의 전쟁 또한 모두 이러한 이유로 진행되었다고 볼 수 있다. 인류 모두는 결국 동아프리카에서 시작했다. 다만 특정한 역사적인 사건을 계기로 민족을 이루며 살다 보니 각각의 역사가 나뉘고, 이로부터 협력 또는 적대의 관계를 형성하게 된 것이다. 결국 윌리엄 골딩이 책에서 썼던 것이 단순히 소설은 아닌 것이다.

인간의 폭력성과 전쟁의 정당성

전쟁은 왜 해야 할까? 악이 인간의 내면에 잠재되어 있는 것이기에 피할 수 없는 것일까? 그렇다면 앞으로의 인류 역사에서도 전쟁은 영원히 계속되는 것일까? 미국 히피 가수 에드윈 스타Edwin Starr는 〈전쟁War〉이라는 노래에서 전쟁이 "왜 필요한가what is it good for?"라는 질문을 던진다. 그가 이야기하는 것은 결국 "아무 필요 없다absolutely nothing"는 것이고, 여기에 우리 모두 동의하고 싶을 것이다. 나는 원하지 않는데 누군가가 시켜서라는 평계로, 자꾸만 원인을 외부로 돌리는 것이다.

　그러나 우리는 여기에서 멈춰서는 안 된다. 희망하는 사항과 객관적인 상황은 정확히 구별해야 한다. 전쟁이 안 좋은 것이고, 아무 쓸모없다는 결론은 기분을 좋게 할 수는 있다. 그런데 그럼에도 전쟁은 일어났고 현재에도 일어나고 있다. 이러한 상황에서 원인을 이해하지 못한다면 같은 일들을 반복할 수밖에 없다.

　에드윈 스타의 노랫말과 반대로 역사학자들은 전쟁이 도움이 된다고 이야기한다. 스탠퍼드대학 교수인 영국 출신의 미국 역사학자 이언 모리스Ian Morris는 『전쟁의 역설』에서 인류가 발달하기 위해서, 즉 문명을 만들기 위해서는 전쟁이 필요하다고 말한다.

사실 이를 뒷받침해주는 이론은 1939년 유대계 독일 사회학자 노르베르트 엘리아스Norbert Elias가 쓴 『문명화 과정』에 담겨 있다. 엘리아스는 여기에서 전쟁이란 폭력을 줄이기 위해 필요하다는 아주 불편한 진실을 이야기한다. 즉 인간 개인의 폭력성이 너무 크기에 전쟁 또는 전쟁의 위협이 없으면 서로가 서로를 죽이는 상황이 벌어진다는 것이다.

프랑스혁명의 표어인 자유, 평등, 박애는 인간에게 굉장히 중요하고 우리 모두 원하는 것이지만 과연 인간이 이들을 이룰 수 있는 존재일까? 스탠퍼드대학교 교수인 오스트리아 출신의 역사학자 발터 샤이델Walter Scheidel은 『불평등의 역사』에서 인류는 역사에서 폭력 없이 평화, 정의, 평등을 이룬 적이 없다고 이야기한다. 상당히 불편한 이야기지만 모두 역사적인 사실에 기반한 이론이다. 모두 다 같이 착하게 살자고 마음먹는다고 해서 세상이 착해진 적은 없었다는 것이다.

단순히 마음을 먹는 것으로 실현하기 불가능하다면 이제 시스템이 필요하다. 그리고 시스템을 만들기 위해서는 먼저 인간의 본질을 우리 스스로 현실적으로 보는 것이 선행되어야 한다. 인간은 여전히 진화적인 욕망이 있고, 책임을 회피하고, 억압적인 상부의 명령에 복종하고, 상황에 따라 누군가에게 폭력을 가할 수도 있음을 알아야 한다. 인간의 추한 모습을 보지 않으려 눈을 감는 것은 해결책이 되지 못한다. 너무나도 추하기 때문에, 더 이상 반복해서는 안 되기에 우선 인정하고 현실적으로 막을 수 있는 방법을 찾아 나서야 한다.

국가가 폭력성을 독점하다

인류가 만든 첫 번째 해결책은 국가였다. 국가의 기원에 대한 여러 가지 이론 중 미국 철학자 존 롤스John Rawls는 『만민법』에서 국가란 언젠가 농경시대 사람들이 모여서 합의한 것이라 주장한다. 그러나 이는 현재까지의 연구 결과로 보면 그리 타당하지 않아 보인다. 독일 사회주의자 엥겔스Friedrich Engels는 『가족, 사유재산, 국가의 기원』에서 국가는 가족을 기반으로 시작되었다고 말한다. 스위스 역사학자 야코프 부르크하르트Jacob Burckhardt는 『예술로서의 국가The State as a Work of Art』에서 국가란 예술이라고 말한다. 누군가 계획한 것이 아니라 무작위적으로 만들어진 것이라는 의미다.

그러나 국가의 기원에 관해 현재 교과서적으로 받아들여지고 있는 것은 막스 베버Max Weber의 이론이다. 베버에 의하면 국가의 역할은 폭력성의 독점화다. 쉽게 말해 인간이란 원래 폭력적인 존재이기에 가만히 두면 서로가 서로를 죽이므로, 이를 국가가 독점화해야 한다는 것이다.

현대사회에서 개인 간의 갈등을 무력 없이 해결할 수 있는

Non est potestas Super Terram quae Comparetur ei Iob. 41. 24

LEVIATHAN
or
THE MATTER, FORME
and POWER of A COMMON-
WEALTH ECCLESIASTICALL
and CIVIL.

By THOMAS HOBBES
of MALMESBVR

토마스 홉스, 『리바이어던』 속표지

이유가 바로 국가만이 유일하게 폭력성을 가지고 있기 때문이다. 국가가 폭력성을 독점했을 때 단순한 싸움으로 끝났을 문제가 독점이 무너지면 전 사회의 혼란으로 이어지게 된다. 현재 미국의 문제가 바로 총기를 개인이 소유함으로써 폭력성의 독점화가 무너지고 있는 것이다. 즉 갈등은 여전히 있는데 그 갈등이 어떻게 표현되느냐의 문제인 것이다.

그런데 여기에서 국가 정당성의 문제가 생긴다. 도대체 국가가 무엇인데 폭력을 독점하느냐는 것이다. 인류 역사의 대부분은 국가를 세운 후에 권력을 부여받은 왕이 이를 멋대로 휘두르는 과정으로 점철되어 있다. 따라서 국가가 독점한 폭력성이 개인들의 폭력성을 모두 합한 것보다 낮을 때에야 국가는 정당성을 지니게 된다. 그렇지 않다면 국가가 폭력성을 독점할 이유가 없는 것이다.

마키아벨리는 『군주론』에서 국가에 힘을 더 모아줘야 한다고 이야기한다. 영국 철학자 토마스 홉스Thomas Hobbes도 『리바이어던Leviathan』에서 국가란 국민 개인이 합쳐진 것이라고 말하며 국가의 통치권과 이를 구성하는 개인의 관계를 새롭게 조망했다. 국가의 왕이 자꾸만 폭력성을 드러내는 것은 독점권을 잃을까 두려워하기 때문이므로 권력을 더 몰아주면 된다는 것이다. 과연 그럴까?

유토피아는
어디에도

없다

이상적인 사회, 유토피아

왕이 한 국가에서 권력을 가장 많이 독점했었던 시기를 영국의 역사에서 찾자면 헨리 8세^{Henry VIII}(재위 1509~1547) 때일 것이다. 그리고 역사는 이러한 절대 권력^{absolutism}의 시절을 결코 행복하게 기록하고 있지 않다.

헨리 8세의 부인 여섯 명 중 두 명은 참수를 당했으며, 왕의 옆에서 조언자 역할을 하던 정치가 토머스 모어^{Thomas More}, 그리고 모어를 죽음으로 내몬 토머스 크롬웰^{Thomas Cromwell} 또한 처형당하고 말았다. 크롬웰을 죽게 만든 브라이언 튜크^{Brian Tuke}가 살아남을 수 있었던 이유는 오로지 헨리 8세가 먼저 숨을 거두었기 때문이었다. BBC에서는 헨리 8세와 크롬웰의 이야기를 바탕으로 한 드라마 〈울프 홀^{Wolf Hall}〉을 제작하기도 했다.

독일의 화가 한스 홀바인^{Hans Holbein}이 그린 〈브라이언 튜크

한스 홀바인, 〈브라이언 튜크 경의 초상〉

경의 초상Portrait of Sir Brian Tuke〉에서 행복은 전혀 찾아볼 수 없다. 절대 권력 앞에 겁에 질린 얼굴만 보일 뿐이다.

모어는 『유토피아』에서 그리스어의 '없다ou'와 '장소topos'를 의미하는 단어를 조합해 '어디에도 없다'라는 의미의 이상적인 사회인 유토피아를 창조한다. 당시 헨리 8세의 폭군 정치를 모두 정당화시켜야 했던 모어가 이상적인 세상을 상상했던 것은 자연스러운 일이었다.

그러나 모어 자신 또한 유토피아란 불가능하다는 것을 알고 있었다. 『유토피아』를 읽어보면 유토피아에 사는 사람들은 그들 자체가 유토피아적이다. 국민의 해방을 위한 것이 아니면 전쟁도 하지 않는다. 이러한 유토피아에 법은 필요 없다. 이는 결국 개개인이 이상적인 인간이 되기를 기대하게 만든다.

그런데 여기에서 인간은 절대 이상적인 상태로 나아가지 않을 것이라는 가설을 해야 하지 않을까? 이후 이탈리아 철학자 톰마소 캄파넬라Tommaso Campanella는 『태양의 도시Civitas Solis』에서 유토피아보다 조금 더 현실적인 사회를 그려낸다. 이는 생산 수단이 비사유화되고 노동이 인간의 권리가 되는 사회다.

이후 유토피아론을 이어간 영국의 사회주의자 로버트 오언Robert Owen은 사회주의의 시작점이라고 할 수 있는 인물이다. 오언은 『사회에 관한 새로운 의견』에서 제시한 '유토피아 사회주의' 또는 '유토피아 이상주의'를 구체적으로 실현하고자 한다.

구체적인 내용은 다르지만 결국 유토피아론이 공통적으로

이야기하고 있는 것은 모든 사람이 평등하면 유토피아 사회가 생길 수 있다는 것이다. 쉽게 말해 전쟁이나 폭력 없이 잘 먹고 잘 살고 싶은 것이다. 그런데 과학기술이 이처럼 발달한 현재까지도 전 지구의 80억 명 인구 중 이를 누릴 수 있는 사람은 극히 소수에 불과하다.

현실에서 좌절된 유토피아의 실제

프랑스 무정부주의자 피에르 조제프 프루동Pierre Joseph Proudhon은 이전의 학자들이 순진하게 기대하던 유토피아에서 더 나아가 이상적인 사회가 되기 위한 문제를 권력과 부의 관점에서 바라본다. 권력은 부에서 나오기에 부의 확률분포가 다르면 권력이 한쪽으로 치우칠 수밖에 없다는 것이다.

따라서 프루동은 유토피아가 이루어지기 위해 부의 소유를 없애야 한다고 주장한다. 즉 부의 존재 자체가 아니라, 부가 특정한 누군가에게 소유되어 있는 것이 문제라는 것이다. 그는 『소유는 도둑질이다Property is Theft!』에서 처음으로 공유 경제를 제안하기도 한다. 그에 따르면 이 세상의 모든 것을 한 사람이 가지고 있는 것은 거의 도둑질이나 다름없다.

러시아 무정부주의자 미하일 바쿠닌Mikhail Bakunin은 『신과 국가에서God and the State』를 통해 소유 자체가 없어져야 한다고 주장한다. 결국 국가가 개인의 소유를 지켜주는 역할을 하기에 유토피아가 되기 위해서는 국가가 없어져야 한다는 것이다. 국가가

귀스타브 쿠르베, 〈피에르 조제프 프루동과 그의 아이들〉

사라지면 유토피아가 된다는 무정부주의자들의 관점을 보여준다고 할 수 있다. 이는 앞서 개인의 폭력성 제거에서 국가의 정당성을 찾았던 것의 반대편에 자리한 시각이다.

물론 이는 오늘날 연구 결과에 따르면 근거 없는 주장이다. 우리는 국가가 사라지면 지옥이 시작된다는 것을 알고 있다. 이를 두고 마르크스 또한 완전히 순진한 생각이라고 지적한다. 국가가 있어야만 사회 질서가 유지되기에 국가는 반드시 필요하며, 다만 그 국가를 어떻게 만드느냐가 더 중요하다는 것이다.

이러한 마르크스 이론을 가장 잘 받아들여서 현실에 적용한 인물이 바로 러시아의 사상가 레닌Vladimir Lenin이다. 이전까지의 주장은 모두 철학에 불과했지만 레닌에 의해 비로소 정치적 존재성을 가지게 되었다. 레닌은 자신의 사상을 실천해줄 혁명가 레프 다비도비치 브론시테인Lev Davydovich Bronstein, 우리가 흔히 이야기하는 트로츠키Trotsky와 함께 러시아혁명에 성공한다.

그러나 혁명을 주도했던 트로츠키는 스탈린Iosif Stalin과의 권력 싸움에서 패배하고 1940년 멕시코에서 암살당한다. 스탈린은 트로츠키의 정체를 세계 지배를 꿈꾸는 악마 같은 유대인 자본주의자들의 스파이라고 선전한다. 스탈린은 이렇게 민중의 계몽과 자유를 목표로 시작된 혁명 러시아 사회를 20세기 최악의 독재국가로 탈바꿈해버린다.

영국 작가 조지 오웰George Orwell의 소설 『동물농장』은 바로 1917년 러시아혁명부터 1943년 테헤란 회담에 이르기까지의

러시아혁명의 주역 트로츠키

러시아 역사를 다루고 있다. 한 농장의 동물들이 농장주에 대립하며 인간의 착취가 없는 평등한 이상 사회를 만들고자 하지만, 결국 돼지들이 다시 동물들의 지도자가 되면서 예전보다 더 혹독한 환경에서 살아가게 되는 이야기다.

소설에서 트로츠키는 '스노우볼'로 스탈린은 '나폴레옹'으로 등장하는데, 스노우볼은 결국 전권을 빼앗기고 축출되고 만다. 소설은 돼지들이 예전 인간들처럼 다른 동물들 위에 군림하게 되고, 급기야는 인간과 돼지가 분간할 수 없는 지경에 이르게 되는 것으로 끝을 맺는다.

예술에 남겨진 혁명의 흔적

사실 현재 우리는 러시아 하면 소련을 먼저 떠올리며, 독재나 후진국이라는 시선으로 바라보기 쉽지만 1920년대에만 하더라도 러시아는 전 세계에서 문화적으로 가장 뛰어난 곳 중의 하나였다. 약 1000년 동안 차르tsar의 전제정치 아래에서 숨죽이고 있던 러시아는 혁명 후 전 세계에서 가장 창의적인 사건들이 폭발하는 곳으로 성장한다. 1917년 니콜라스 2세Nicholas II(재위 1894~1917)가 물러나고 스탈린의 독재가 시작될 때까지 단 10년 동안 러시아에서는 진정한 '문화혁명'이 일어난다.

예술 분야에서 화가 카지미르 말레비치Kazimir Malevich는 〈검은 사각형Black Square〉〈검은 원Black Circle〉 등의 작품을 통해 순수 추상화를 발전시키는 데 중추적인 역할을 한다. 이와 함께 엘 리시츠키

카지미르 말레비치, 〈검은 사각형〉(위)과 〈검은 원〉(아래)

El Lissitzky는 그래픽 디자인을 비롯해 현대 예술과 디자인의 기반을 구축한다. 뿐만 아니라 야코프 프로타자노프Yakov Protazanov는 영화 〈엘리타Aelita〉를 1924년에 제작하며 역사적으로 최초의 공상과학영화를 탄생시킨다. 우리가 보통 최초의 공상과학영화라고 알고 있는 프리츠 랑Fritz Lang의 〈메트로폴리스Metropolis〉보다도 이전의 일이다.

문학 역시 예외는 아니었다. 블라디미르 마야콥스키Vladimir Mayakovsky의 아방가르드 시, 다닐 카름스Daniil Kharms의 부조리주의적 드라마, 안드레이 플라토노프Andrei Platonov의 존재주의, 그리고 물론 미하일 불가코프Mikhail Bulgakov를 잊을 수 없다.

특히 불가코프의 『거장과 마르가리타』는 개인적으로 문학 역사상 가장 재미있는 책 중의 하나로 꼽을 정도다. 스탈린의 독재 아래 완성되었지만, 1960년대에야 드디어 소개된 이 책에서는 1930년도 모스크바에 갑자기 나타난 사탄과 2000년 전 예수 그리스도를 심판했다는 폰티우스 필라투스Pontius Pilatus가 동시에 등장한다.

유머, 휴머니즘, 그리고 세련됨은 우리가 지금 알고 있는 러시아와는 달라도 너무나 다르다. 그러나 이러한 문화혁명을 이끌었던 사람들 중 거의 대부분은 스탈린의 등장 이후 수감되거나 처형당한다.

붕괴는

이
미

시작되었다

민주주의의 시작

지금까지 인류가 설계했던 다양한 국가 시스템 중에서 여전히 잘 지탱되고 있는 것은 오로지 민주주의 하나뿐이다. 그 이유는 민주주의는 민주주의가 완벽하지 않다는 것을 스스로 너무 잘 알고 있기 때문이다. 어떠한 정치 이데올로기가 완벽하다고 여겨지면 그것은 더 이상 이데올로기가 아닌 종교가 돼버린다. 이데올로기를 숭배하게 되면 그 절대성을 두고 결국 반목과 분쟁으로 나아갈 수밖에 없다.

그런데 민주주의는 처음부터 사람은 완벽하지 않다는 현실적인 가설에서 시작한다. 완벽하지 않은 사람들이 함께 살아가기 위해서는 국가가 필요하다는 것이다. 약 2500년 전 고대 아테네에서 만들어진 민주주의 1.0이 바로 그 시작점이다.

아테네의 정치가 솔론Solon은 아테네의 농민층이 부채로 인해 무너지고 사회 경제적 불평등에 따라 노예로 귀속되는 현실을 바꾸기 위해 경제 개혁을 하고 최초의 성문법인 드라코Draco 법전을 개정해 법을 새로이 만들었다. 그때부터 왕의 통치는 말이 아닌 글을 좇아가게 되었다.

클레이스테네스Cleisthenes는 혈연으로 맺어진 귀족들의 특권을 약화시키고 모든 시민이 평등하게 참정권을 부여받을 수 있도록 정치 개혁을 단행한다. 그리고 이를 평등을 뜻하는 '이소iso'와 법을 뜻하는 '노모스nomos'를 합쳐 '이소노미아isonomia'라고 불렀다.

이를 통해 아테네의 모든 시민들은 평등한 권리를 행사하며 공적인 활동에 참여할 수 있었고, 아테네 민주주의의 기초가 확립되었다. 프루동이나 바쿠닌이 인간의 소유와 부의 개념으로 사회를 평등하게 만들고자 했다면 클레이스테네스는 법 앞의 평등을 실현하고자 한 것이다.

이후 아테네 민주주의의 전성기를 이끈 페리클레스Perikles는 민주주의가 유지되기 위해서는 경제적으로 부강해야 한다는 점을 지적했다. 독재주의 사회는 민주주의 사회보다 단합력에서 월등히 우월할 수밖에 없기에, 그들과 싸워서 이기기 위해서는 더 높은 수준의 경제력을 가져야 한다는 것이다. 따라서 민주주의를 유지하기 위해서는 경제력을 바탕으로 뛰어난 기술과 외교력으로 무장해야 한다고 이야기한다.

그러나 이러한 그리스도 결국 펠로폰네소스 전쟁에서 스파

르타에 패하고 말았다. 페리클레스가 이야기한 민주주의의 요
건에 아테네가 아직 미치치 못했음을 보여준다. 그러나 펠로폰
네소스 전쟁 중 치러진 장례식에서 페리클레스가 한 연설은 여
전히 민주주의 리더십의 전형으로 인용되고 있다.

그리스를 패국으로 전락시킨 스파르타는 영화 〈300〉을 통
해 우리에게 용맹한 이미지로 각인되어 있지만, 사실 타 민족의
영토를 빼앗고 여기에 인종 차별주의까지 만드는 등 요즘으로
보면 나치 독재와 다를 바 없었다. 스파르타는 정복한 영토의
시민들을 헤일로테스heilotes라 불리는 노예로 전락시키고 성인
이 되는 의식의 일환으로 노예들을 죽이게 하는 등 잔인한 문화
를 만들었다. 또한 노예들에게 군사 훈련을 시켜 전쟁에서 방패
막이로 사용한 후, 싸움에 능한 노예들은 반란의 여지를 없애기
위해 모두 죽였다.

이처럼 무지막지한 독재 사회였던 스파르타에게 토론을 통
해 의사 결정을 이끌어내던 아테네는 패할 수밖에 없었다. 아테
네에서는 다수가 원한다면 전시 상황에 있는 뛰어난 장군이라
할지라도 망명을 갈 수밖에 없었다. 그리스 군대가 스파르타 군
대에 열세해지는 것은 당연한 수순이었다.

민주주의 2.0의 탄생
이후 프랑스 계몽 시대의 정치학자 몽테스키외Charles de Montesquieu
에 이르러 민주주의는 약 2000년 만에 2.0으로 업그레이드된

다. 몽테스키외는 영국의 정치학자 로크$^{John Locke}$가 행정권과 입법권을 나눠야 한다는 것에서 더 나아가 여기에 사법권을 추가함으로써 국민의 정치적 자유를 위해 국가가 가진 권력을 나눠야 한다고 주장했다.

그리고 만약 삼권분립이 지켜지지 않는다면 독재가 시작되고 자유가 말살될 것이라 경고한다. 몽테스키외가 주장한 삼권분립은 민주주의의 기본 틀로써 여전히 민주주의를 유지하는 중추적인 뼈대가 되고 있지만, 오늘날에는 붕괴의 조짐이 보이는 것도 사실이다.

미국 건국의 아버지라 불리는 정치가 토머스 제퍼슨$^{Thomas Jefferson}$, 벤저민 프랭클린$^{Benjamin Franklin}$, 조지 워싱턴$^{George Washington}$ 등이 함께 제정한 미국의 헌법은 정의를 구현하고 자유를 보장하는 등 지극히 현실적이고 계몽주의적인 목적을 위해 만들어졌다. 쉽게 말해 개인의 행복이 절대적인 권리며, 국가의 역할을 개인의 행복을 지켜주는 것으로 규정한 것이다. 그렇게 민주주의 2.0은 인류 역사상 개인에게 가장 많은 자유와 부를 가능하게 하며 250년여 동안을 잘 유지돼왔다.

인류가 오늘날과 같이 정치 이데올로기를 기반으로 싸우기 시작한 것은 사실 얼마 되지 않았다. 이전까지는 신과 종교, 제국과 영토, 유토피아 사회 등을 둘러싼 분쟁이 있었을 뿐이다. 그러다 이후 20세기 초인 1920~1930년대에는 세상에 크게 세 가지의 이데올로기가 권력을 잡게 된다.

첫 번째는 독일을 위시하여 이탈리아, 아르헨티나, 핀란드, 헝가리를 비롯한 나치가 표방한 인종주의, 두 번째는 부의 평등을 이루고자 했으나 독재로 전락하고 만 소련의 공산주의, 그리고 마지막 세 번째가 자유민주주의다.

때문에 20세기 초 자유민주주의는 공산주의와 파시즘이라는 막강한 이데올로기들과 경쟁해야 했다. 다행히 2차 세계대전에서의 연합군이 승리하고, 1989년 11월 9일 베를린 장벽의 붕괴로 구소련이 무너지면서 자유민주주의는 가장 성공적인 국가 운영 체제로 증명되었다. 20세기에만 하더라도 21세기의 이데올로기가 이러한 양상을 띨 것이라고 생각하지 못했다.

플라톤의 『국가론』, 마키아벨리의 『군주론』, 마르크스의 『자본론』은 처음부터 끝까지 읽은 사람은 별로 없지만, 제목만으로도 열띤 토론이 가능한 책들이다. 스탠퍼드대학교 교수인 미국 정치학자 프랜시스 후쿠야마Francis Fukuyama가 1992년 출간한 『역사의 종말』역시 그러한 책 중 하나다. 그를 마르크스나 마키아벨리와 비교하려는 것은 절대 아니다. 하지만 그의 꽤 학술적인 책이 제목만으로 1차원적인 평가를 받고 있다는 사실만은 분명하다.

후쿠야마는 책에서 인류의 역사를 이데올로기를 중심으로 이야기한다. 20세기 초 자유민주주의는 공산주의와 파시즘이라는 막강한 이데올로기들을 경쟁에서 물리쳤기에 이제 '이데올로기의 역사'는 끝날 것이라는 것이다. 그리고 후쿠야마는 이

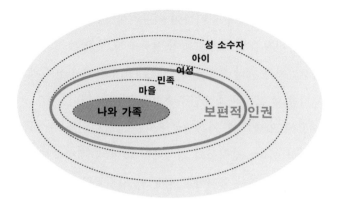

자유민주주의 권리의 확장

후 펼쳐질 세상은 유토피아와 다름없을 것이라 생각했다. 그러나 역사는 결코 예측대로 흘러가지 않았다.

자유민주주의에서 보장되는 사회적인 권리는 시간이 흐를수록 점차 확장되는 모양새를 띤다. 이는 나와 가족에서 시작해 마을, 국가로 이어진다. 그러나 아직까지도 여성, 아이, 성소수자LGBT들에게는 보편적인 인간의 권리universal human right가 인정되지 않고 있는 것이 사실이다. 이러한 확장성은 자유민주주의의 특징으로, 권리가 더 이상 확장되지 않고 축소되는 순간 자유민주주의는 파괴되고 만다.

그러면 이러한 확장이 어디까지 이어질까? 축구의 승부를 맞추던 문어에서 이제 그 역할을 넘겨받은 인공지능으로까지 이어질까? 자유민주주의는 현재 어디로 흘러가고 있을까?

'강한 남자'들의 등장

과거 경제학이나 정치학에서는 자유로운 국가는 경제적으로 풍요롭고, 독재국가는 그 반대라는 믿음이 있었다. 그리고 모든 나라가 '잘 살려면 자유로워야 한다'는 믿음에 맞춰 잘 유지되었다. 반대로 경제적으로 부유해지면 자연스럽게 민주화가 되어야 했다. 그리고 우리나라는 그러한 교과서적인 믿음의 예로 항상 등장했다. 전 세계 최악의 독재국가에서 자유민주주의 국가로의 변화에는 자본이 그 중심에 있었다.

그런데 돌연 이러한 전망과 반대되는 일들이 세계 곳곳에서 일어나기 시작했다. 자유민주주의의 권리 확장을 이끌어야 할 국가들에서 이상한 일이 벌어지기 시작한 것이다. 자유민주주의와 자본주의의 상징인 미국의 쌍둥이 빌딩이 무너지며 중세기의 전쟁은 다시 시작되었다. 그리고 그 결말은 그 누구도 예측할 수 없다.

아랍에서는 소셜 네트워크 시대에 오히려 독재의 기운이 강해지고 있다. 또한 전 세계적인 난민 문제로 유럽연합은 해체 위기에 빠져 있다. 이에 더해 중국은 자유롭지 않으면서도 잘 살 수 있다는 공식을 새로 정립하고 있다.

이러한 비전은 전 세계의 많은 '강한 남자'들에게 상당히 매력적인 모델이 된다. 그들은 극심해진 양극화와 함께 자유민주주의에 어긋나는 행보를 보여주고 있다. 러시아 대통령 블라디미르 푸틴Vladimir Putin, 중국 국가수석 시진핑習近平, 이스라엘 총리

세계 곳곳 '강한 남자'들의 등장

베냐민 나타냐후Benjamin Netanyahu, 헝가리 총리 빅토르 오르반Viktor Orban, 터키 대통령 레제프 타이이프 에드로안Recep Tayyip Erdogan이 그들이다.

처음 아랍에서 이러한 일이 벌어질 때까지만 해도 많은 학자들이 이를 종교 문제로 설명했다. 그리고 러시아나 중국은 한 번도 자유민주주의 역사가 없었던 나라이기에 예외로 치부할 수 있었다. 터키나 이스라엘 또한 정치학의 오랜 믿음을 유지하는 데 큰 장애가 되지 않았다. 그러나 자유민주주의 역사가 있었던 헝가리의 경우는 믿음에 타격을 입히기에 충분했다.

그러나 이때까지만 해도 하나의 국가 정도는 예외로 둘 수 있었다. 하지만 자유민주주의 시스템을 만든 영국이 돌연 브렉시트Brexit를 결정하고 미국 또한 도널드 트럼프Donald Trump가 대통령으로 당선되자 문제는 걷잡을 수 없어졌다. 또한 이탈리아에서는 코미디언 베페 그릴로Beppe Grillo가 M5SMovimento 5 Stelle라는 오성운동 정당을 만들어 여당이 된다.

뿐만 아니라 최근 스웨덴에서는 중요한 선거가 하나 있었다. 많은 한국인들이 꿈꾸는, 최고의 국민 행복 지수를 자랑하는 복지국가 스웨덴에서 '중요한 선거'란 무의미하지 않을까? 그런데 2018년 9월 9일 총선거에서 20퍼센트 가까운 표를 얻은 정당은 바로 '스웨덴 민주당Sverigedemokraterna'이었다. 이름과는 다르게 그들은 신나치주의자들이 설립한, 반유럽연합과 반세계화를 지지하는 포퓰리즘 정당이다.

남아메리카 대륙에서 가장 큰 자유민주주의 국가 브라질에서도 역시 독재를 찬양하고 고문을 옹호한 자이르 메시아스 보우소나루Jair Messias Bolsonaro가 대통령으로 당선된다. 이제 자유민주주의의 붕괴는 더 이상 예외로 치부할 수 없는 상황으로 치닫고 있는 실정이다.

자유민주주의 사회는 타인의 우위에 서고자 하는 인간의 본능을 의도적으로 억제하는 대신 경제적으로 풍요롭고 자유가 보장되는 안전한 사회를 보장한다. 하지만 이처럼 오랜 자유민주주의의 역사를 가지고 있었던 나라들이 붕괴하자 이제 민주주의 2.0에 근본적인 문제가 있었던 것이 아닐까 하는 반성의 목소리가 제기되고 있다.

특히 21세기에 들어 중국의 예가 생기면서 자유민주주의 이데올로기는 큰 위기에 맞닥뜨리고 말았다. 자유 없이도 경제적인 성장이 가능하다면 전 세계 대부분 국가들은 이 시스템을 선호할지도 모를 일이다.

지금 이

순간에도

역사는

반복된다

세계화와 자유민주주의의 위기

우리는 앞서 새로운 제국의 등장은 이전 제국의 쇠락을 의미한다는 것을 확인했다. 21세기에 들어오면서 팍스 아메리카나가 무너지고 있다는 시각은 자유민주주의의 전 세계적인 위기와 맞물려 이미 팽배하게 펼쳐져 있다. 여기에 인공지능 등 새로운 기술의 변화 또한 빠른 속도로 밀려오고 있다.

우리는 흔히 인공지능 시대의 일자리 걱정을 한다. 직업의 47퍼센트가 사라진다는 예측에 실질적인 위기감을 느끼기도 한다. 그러나 이는 역사에서 처음 있는 일은 아니다. 우리는 이미 이러한 과정을 로마 역사 속에서 봤다.

제국의 팽창 결과 전쟁의 장기화로 시민들은 생산력을 상실하고 극심한 부채에 시달렸다. 여기에 정복을 통해 증가한 노예들 때문에 직업까지 잃는 상황에 처했다. 극심한 양극화로 당시 로마 공화정을 유지하던 중산층은 결국 붕괴되고 이는 후에 로마 멸망의 주된 이유로 기인한다.

로마와 현재 우리가 다른 점은 영토의 혁신이 기술의 혁신으로, 새로운 생산적 노동이 노예에서 기계로 바뀌었다는 것뿐이다. 그렇다면 당시에도 노예 수준의 일을 했었던 사람들은 모두 실업자가 되었던 것과 같이, 지금도 같은 수준의 일을 하는 사람들은 모두 실업자가 될 것이라 예상 가능하다. 여기에서 오는 양극화의 문제 또한 이미 로마 역사에서 답습한 내용이다.

로마는 불평등한 부를 다시 분배하고자 진보와 보수로 나뉘어 투쟁했지만 결과적으로 실패하고 만다. 그렇게 공화국을 뒷받침할 중산층이 무너지자 결국 로마는 포퓰리스트 아우구스투스의 등장과 함께 제국으로 탈바꿈한다.

오늘날의 자유민주주의의 위기도 이와 크게 다르지 않다. 세계 각국의 '강한 남자'들은 오늘날 세계화로 촉발된 극심한 사회 경제적 불평등을 자극하며 대중을 선동하고 있다. 여기에서 세계화의 핵심은 주요 국가들이 무역을 통해 물자를 주고받고 문화를 전수하는 것에 있다. 예를 들어 일본은 19세기의 1차 세계화 덕분에 메이지유신을 이루고 선진국이 되었다.

세계화란 본래 이론적으로는 시장의 확장을 통해 수요와 공급을 원활하게 함으로써 효율성을 증가시키는 것을 말한다. 지금 우리가 의식주에 사용하는 물건 중 대부분은 우리나라에서 만든 것이 아니다. 모두 세계화된 결과이고 큰 혜택이기도 하다. 이를 한 나라 안에서 생산하려면 그 비용은 더 높아질 수밖에 없고, 따라서 나라마다 주력 산업에 투자하고 무역을 통해 수익을 창출하는 것이 세계화의 핵심이 된다. 효율성이야 당연히 좋을 수밖에 없다.

그런데 1차 세계화 결과 19세기 말에 상상을 초월하는 불평등이 발생한다. 영국에서는 5세의 어린아이가 탄광에서 일을 하고 가난한 여성들은 매춘부로 일해야 하는 상황이 벌어졌다. 실화를 바탕으로 한 뮤지컬 〈잭 더 리퍼〉나 찰스 디킨스Charles Dickens의 소설 모두 당시의 암울했던 시대상을 보여준다.

극심한 빈부 격차와 1차 세계대전으로 인한 사회적 혼란과 함께 1929년 뉴욕 증권 시장 대붕괴는 세계 대공황으로 확장된다. 같은 시기 1차 세계화 이후 사람들 사이에는 반세계화적 그리고 친독재적 이데올로기가 번지기 시작한다. 일자리를 잃은 일반 시민들만이 아니었다. 전쟁과 대공황을 통해 부와 기회를 잃은 지식인들 역시 자유민주주의와 시장 경제가 아닌, 새로운 사회 시스템을 꿈꾸기 시작한다.

최근 영국 일간지 《파이낸셜 타임즈》는 "자유주의의 가장 뛰어난 적"이라는 글을 소개했다. 너무나도 뛰어나기에 동시에 가장 위험한 자유주의의 적은 과연 누구일까? 신문은 독일 헌법학자 카를 슈미트Carl Schmitt를 뽑았다. 법학을 전공한 그는 1916년 1차 세계대전에 지원한다. 전쟁은 역시 만물의 어머니인 것일까? 유럽 젊은이들은 서로 정반대의 교훈을 얻는다.

평화주의자, 민주주의자, 바우하우스Bauhaus 아티스트들은 잔인한 역사가 반복되지 않도록 민족과 민중들이 협업하는 계몽된 미래를 만들어야 한다고 믿었다. 반대로 민족주의자, 파시스트, 미래파 예술가들은 인류 역사에서 전쟁과 파괴는 필연적이므로 더 강해져 파괴되는 쪽이 아닌 파괴하는 편에 서야 한다고 주장한다.

전쟁에서 패배한 독일에서 법대 교수 생활을 시작한 슈미트 역시 강한 자만 살아남는다고 믿었다. 계몽주의는 국가의 모든 권력은 국민들로부터 오며, 정부는 국민의 권력을 일정 기간 동안 빌려서 이용할 뿐이라고 전제한다. 그런데 슈미트는 여기에 '왜?'라는 질문을 던진다.

인간은 필연적으로 적을 가지고 있지 않은가? 서로의 적들인 국민이 어떻게 일치된 권력의 원천이 될 수 있다는 말인가? 슈미트에게 '정의'란 강한 자의 승리를 의미하며, 국가 주권자는 법적 예외 상태를 선포할 수 있는 가장 강한 자이기에 그의 말 자체가 법이며 정의라는 위험한 주장이었다.

두 차례의 세계대전, 대공황, 홀로코스트. 끔찍한 20세기 대재앙을 교훈으로 삼아 인류는 시장경제와 자유민주주의를 바탕으로 하는 룰 중심의 국제사회를 만들었다. 하지만 이제 국제사회를 지탱하던 룰이 서서히 무너지고, 강한 자만이 살아남고 서로가 서로를 파괴하는 것이 자연의 법칙이며 정의라는 슈미트의 유령이 다시 떠돌기 시작하고 있다.

세계화는 불평등하다

컬럼비아대학교 교수인 영국 역사학자 아담 투즈Adam Tooze는『붕괴Crashed』에서 재미있는 이론을 제안한다. 지금 우리가 겪고 있는 혼란이 처음이 아니라는 것이다. 현재뿐만 아니라 팍스 로마나, 팍스 브리타니카 때도 모두 세계화가 있었다.

그런데 투즈는 이러한 세계화에 문제가 생기면 사회는 항상 반세계화로 흘러간다는 점을 지적한다. 세계화란 양면의 날을 가진 칼과 같기 때문이다. 세계화는 사회 전체의 평균값average은 향상시키지만 현실을 보여주는 중간값median은 높이지 못한다. 억만장자와 자신의 소득을 합쳐서 나누기 2로 계산한 평균값이 자신의 실제 소득을 의미하는 것은 아닌 것처럼 말이다.

1970년도 대분기The Great Divergence 전까지만 해도 미국의 국가 GDP와 개인 소득 중간값은 거의 비슷하게 증가했다. 나라가 잘 살면 개인의 소득도 계속 올라갔다. 그러나 대분기를 기점으로 이 둘은 확연히 갈라진다. 즉 세계화를 통해 혜택을 받는 사람은 따로 정해져 있었다는 것이다.

소득의 규모가 높은 사람들의 소득은 계속해서 증가하지만 그보다 낮은 중간층이나 하위층은 그대로 정체되고 있거나 더 감소하고 만다. 결국 소득 분배의 불평등을 보여주는 지니계수는 계속해서 올라가고 있는 것이다. 이것은 사실 우리도 매일 느끼고 있는 바다.

결국 이러한 시스템이 어느 한 순간 금융 위기나 전쟁 등으

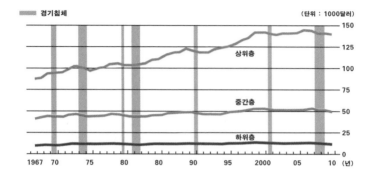

소득 수준에 따른 불평등의 심화

로 무너지면 그때서야 사람들은 깨닫는다. 세계화가 실상 나에
게 도움이 되는 것은 없었다는 것을 말이다. 상위 일부의 소득
이 증가했기에 사회의 평균값은 좋아졌지만 실제 나의 소득을
의미하는 중간값은 결코 높아지지 않았다.

《뉴욕타임즈》의 미국 칼럼니스트 토머스 프리드먼Thomas
Friedman은 『세계는 평평하다』에서 세계화 덕분에 전 세계는 이제
하나의 운명이 되어서 자유민주주의와 유토피아가 실현될 것
이라고 했다. 당시 1990년대까지만 하더라도 사람들은 실제로
그렇게 믿었다.

그러나 이는 결과론적으로 틀렸다. 기업은 세계화가 되었
을지 몰라도 인간은 그렇지 않았다. 때문에 현재 많은 학자들은
이에 대한 반성과 함께 본질적인 질문에서부터 그 해답을 다시
찾으려 노력하고 있다.

현재 자유민주주의 국가들에서 벌어지고 있는 가장 큰 경쟁은 더 이상 좌파와 우파, 부유층과 빈곤층 사이의 문제가 아니다. 이제는 경쟁의 구도가 바뀌었다. 현재 벌어지고 있는 갈등의 가장 큰 핵심은 애니웨어 피플anywhere people과 섬웨어 피플somewhere people의 싸움이다.

세계화란 전 세계를 시장으로 삼을 수 있는 것이므로, 그만큼 세계화에 적합한 사람들에게는 유리하게 작용할 수밖에 없다. 영어에 능통하다면 조금 더 수월하게 전 세계를 대상으로 사업을 할 수 있고, 여행을 다니며 더 많은 경험을 쌓을 수도 있다. 즉 지식이나 경험, 돈이 많은 사람일수록 세계화에서 훨씬 큰 혜택을 받을 수밖에 없다. 이처럼 세계화 덕분에 어디에서도 살 수 있고 사업할 수 있는 사람들을 애니웨어 피플이라 한다.

반면 오히려 세계화로 경쟁이 많아지는 사람들, 본인의 경험과 지식과 돈으로 먹고 살 수 있는 곳이 딱 한 곳인 사람들을 섬웨어 피플이라 한다. 이들은 자신의 민족, 국가, 도시를 떠나는 순간 경쟁력을 잃고 만다.

다시 말해서 세계화는 기회가 많아지는 사람들에게는 축복이지만 경쟁이 많아지는 사람들에게는 재앙과 다를 바 없다. 이 둘 사이의 비율은 20 대 80 정도로, 세계를 무대로 살 수 있는 사람이 20퍼센트밖에 안 되는 반면, 내가 태어나고 자란 고향, 나와 같은 민족, 같은 피부색을 가진 사람들 사이에서만 살 수 있는 사람은 80퍼센트 정도에 육박한다고 알려져 있다.

그리고 이처럼 큰 비율 차이에도 지금까지 불평등을 깨닫지 못한 이유는 20퍼센트가 모두 사회의 지도층으로서 언론을 장악하고 있기 때문이다. 착시 현상이 일어난 것이다. 모두 혜택을 얻은 것처럼 보이지만 나는 거기에 속하지 못할 수도 있다.

오늘날 중국 시장이 커지면서 미국 노동자들 대부분이 실업자로 전락하고 이로 인해 교육이나 의료보장을 받지 못하는 사태도 이와 맥락을 같이 한다. 이러한 상황에서 포퓰리즘이 대두되는 것은 당연한 수순이다. 불평등은 반영하지 않고 평균값만 증가시키는 세계화에 대한 반발이 일어나는 것이다.

21세기에 주어진 마지막 기회

세계화에 타격을 받은 사람들은 반세계화로 방향을 틀고 나의 민족, 나의 나라를 먼저 챙기려는 반사적인 움직임을 보이기 시작한다. 처음에 사람들은 막연히 사회에 대한 불만족을 표출한다. 그리고 이때에는 언제나 시대를 등에 업고 이를 이용하는 사람이 나타나게 된다. 대표적인 인물로 히틀러를 들 수 있다. 그렇게 1870~1914년까지의 1차 세계화는 1918~1939년의 1차 반세계화를 거쳐 1939년 2차 세계대전으로 마무리된다.

이처럼 대규모의 전쟁 후 유럽의 백인들은 자신들 스스로가 세계 패권의 주도권을 놓칠 위기를 자초했다는 것을 깨닫는다. 그리고 이에 대한 각성으로 1944년 브레턴우즈 협정Bretton Woods Agreements에 따라 영국 경제학자 존 메이너스 케인스John Maynard

Keynes를 총재로 국제통화기금IMF, 오늘날 세계은행인 국제부흥개발은행International Bank for Reconstruction and Development을 설립한다. 경제 및 무역 분야에서의 국제적인 지위를 확보하기 위함이었다.

그리고 이와 함께 모든 통화를 미국 달러에 고정시키고 미국은 다시 이를 금에 고정시켜, 달러를 금이라는 안정된 자산으로 만들고 다른 통화는 달러를 기준으로 가치를 부여받도록 하는 금환본위제를 채택한다. 환율은 일단 정해진 후에는 다른 국가들의 동의가 없으면 바꿀 수 없도록 했다. 대공황 때의 혼란을 방지하기 위해서였다.

그러나 2차 세계대전 이후 급속히 발전한 독일과 일본에 경쟁력을 잃어가는 미국 경제를 위해 1971년 8월 리처드 닉슨Richard Nixon 대통령이 달러 가치의 하락과 금 보유고의 급격한 감소로 금환본위제를 폐기하자, 그때부터 각국 환율은 시장에 의해 자유롭게 변하는 달러본위제로 이행된다.

금에는 한계가 있을 수밖에 없지만 달러는 미래에 대한 확신이다. 안정적인 것을 기반으로 하면 경제가 일정 수준 이상 성장할 수 없다. 그러나 금의 한계가 없어지는 순간 경제는 미래에 대한 믿음으로 흘러간다. 미래에 대한 믿음을 잘 유지하면 끝없이 갈 수 있는 것이다.

〈로드 러너Road Runner〉 같은 옛날 미국 만화영화를 보면 늑대가 새를 쫓아가는 장면이 나오는데, 이때 새는 절벽 끝에서 하늘로 날아가고 늑대는 마치 허공에서 날 듯이 계속 뛰는 모습으로 표현된다. 이어지는 다음 장면은 땅을 본 순간 늑대가 절벽 아래로 떨어지는 모습이다. 이것이 지금 우리의 경제다. 믿으면 계속 유지되지만 갑자기 한 순간 아무것도 없는 것을 깨닫게 되면 떨어지는 것이다.

이후 1980년부터 2차 세계화가 시작되는데, 우리나라는 이때 무역을 통해 지금의 경제적 성장을 이룬다. 그러나 2차 세계화 또한 1차 세계화와 똑같이 엄청난 양극화의 문제를 만들었고, 2차 반세계화는 이미 시작되었다. 그렇게 2009년 리먼 브라더스^{Lehman Brothers} 사태는 전 세계의 금융 위기를 가져오고 만다.

2007년부터 일어난 반세계화의 물결은 개인들 차원의 불만을 넘어 20세기에 들어 각국의 포퓰리스트 리더들에 의해 촉발되기에 이른다. 프랑스 경제학자 토마 피케티^{Thomas Piketty}의 책만 봐도 부의 불평등에 대한 근거는 충분하다. 실제로 앞서 봤듯이 미국인의 개인 소득은 1970년도부터 늘어나지 않았다. 그렇다면 핵심은 다음이다. 이러한 반세계화가 무엇으로 종결될 것인가의 문제다.

이에 대해 투즈는 1차 세계화 이후 1차 반세계화를 거치고 10여 년 후, 결국 반세계화가 정치화되기 시작하면 전쟁을 피할 수 없을 것이라고 말한다. 우리는 이제 막 1라운드를 끝낸 상황이다. 사람들이 막연하게 걱정하고 사회가 혼란스러워지는 10년이 이제 끝난 것이다.

이제 반세계화는 전 세계에서 정치화되고 있다. 앞서 살펴

본 각 국가의 선거 결과가 이를 증명해준다. 세계화로 혜택을 보지 못한 80퍼센트를 향해 강력한 포퓰리스트만 등장한다면 결과는 불 보듯 뻔할 수밖에 없다. 지금 유럽에서조차도 자유민주주의 국가들이 하나둘 무너지고 있는 것도 이를 증명한다. 2차 세계화에 대한 2차 반세계화가 전쟁으로 끝나지 않으려면, 우리에게 남은 시간은 앞으로 10년밖에 없다. 이미 정치화가 시작되었기 때문이다.

하버드대학교 교수인 미국 정치학자 스티븐 레비츠키Steven Levitsky와 대니얼 지블랫Daniel Ziblatt은 『어떻게 민주주의는 무너지는가』에서 포퓰리스트들의 등장과 이로 인한 자유민주주의의 위기를 경고한다. 두 학자는 자유민주주의 국가가 독재로 바뀐 연구에 대한 전 세계 최고의 전문가들로, 트럼프 당선 이후 그들의 나라에서 벌어지고 있는 현실을 통해 이야기를 풀어나간다.

그들은 과거 자유민주주의는 무력을 통한 쿠데타 등으로 위기를 맞이했으나, 이제는 삼권분립을 붕괴시키고, 미디어를 장악하거나 세금을 조사하는 방법으로 아주 서서히 진행되고 있다고 말한다. 그러면 결국 남는 것은 껍질만 있는 자유민주주의뿐이다. 그러나 러시아의 선거처럼 가짜 민주주의일 뿐이라도 대부분의 국민들은 이를 지지한다.

따라서 두 학자는 미국의 자유민주주의 250년 역사도 이제 막을 내리고 있는 것일지도 모른다고 결론 내린다. 모든 제국과 이데올로기가 언젠가 무너지는 것은 맞지만, 만일 진짜라면 21세기에 일어난다는 것은 상당히 슬픈 일이 아닐 수 없다.

또한 『왜 자유주의는 실패했는가』에서 노터데임대학교 교수인 미국 정치학자 패트릭 드닌Patrick Deneen은 조금 더 거시적인 질문을 한다. 제목에서부터 이미 실패했다고 쓰고 있는 것처럼, 민주주의 2.0에는 아주 본질적인 오류가 하나 있었다는 것이다. 그는 민주주의가 위험한 것은 실패해서가 아니라 성공했기 때문이라고 말한다. 민주주의를 자유, 불평등, 지니계수를 중심으로 보면 민주주의 2.0은 결과적으로 개인의 자유가 늘어날수록 불평등이 늘 수밖에 없는 구조라는 것이다.

사람은 더 똑똑한 사람과 덜 똑똑한 사람, 더 열심히 일하는 사람과 덜 열심히 일하는 사람 등으로 나뉘는 것처럼, 그 자체로 서로 다르다. 만약 이를 막는다면 자유롭지 않은 것이기에, 자유가 늘어나면 불평등은 늘어날 수밖에 없다. 이러한 관점에서 본다면 현재 중국은 최악의 방향으로 흘러가고 있다고 할 수 있다. 자유가 없는 상태에서 불평등만 늘고 있는 것이다.

따라서 우리가 찾아야 할 것은 자유는 커지면서 불평등은 막을 수 있는 사회가 과연 가능할까에 대한 답이다. 애석하게도 드닌은 불가능하다고 결론 내린다. 하지만 우리는 계속해서 그 답을 찾아가야 할 것이다. 가능성의 여부를 넘어 그 방법을 찾기 위해 말이다. 자유민주주의의 위기를 맞이한 21세기에 우리는 새로운 역사를 다시 쓸 수 있을까?

답은 　　　 로마에
있다

세계의 피라미드

로마 제국은 철저한 계급사회였다. 황제 밑에 세나투스가 있었고, 세나투스 아래에는 로마 시민, 그리고 그들 밑에는 노예와 야만족들이 있었다. 불편하게 들릴 수 있지만 로마 시대 때와 마찬가지로 현재 세계에도 하이어라키가 있다. 세계 피라미드의 가장 아래에는 나라를 잃은 난민들, 그 위로 제3세계가 자리한다. 다시 그 위로는 백인은 아니지만 부유한 국가들이 있는데, 우리나라는 이쯤에 위치한다고 할 수 있다. 더 위로는 백인여자, 가장 위에는 백인 남자가 군림한다.

오늘날 많은 글로벌 기업에서 주도적인 위치에 있는 사람들은 거의 모두 백인 남자다. 노벨상을 수상한 사람들, 세계 정상회담에서 발언권을 가지고 있는 사람들을 봐도 백인 남자의 비율이 현격하게 높다.

전 세계 인권 피라미드 구조

그러나 4차 산업혁명 이후 전 세계 질서가 재편되기 시작했다. 올라서려는 자들과 올라오지 못하게 하는 자들의 싸움이 시작된 것이다. 위에서는 가지고 있던 특권을 절대로 나누지 않으려 안간힘을 쓰고, 아래에서는 이를 빼앗기 위해 힘겨루기를 하고 있다. 이는 우리 민족, 우리나라, 곧 나의 특권이기 때문이다.

대한민국이 이 정도로 잘 살게 된 것은 사실 우리의 부모님 세대들이 노력한 결과임에도 현재 우리는 나 또한 함께한 것이라고 생각한다. 이처럼 나의 특권을 유지하기 위해서는 민족주의적인 사상이 강해질 수밖에 없다. 정당화할 수 있는 방법이 그것밖에 없기 때문이다. 내가 직접 한 것은 아니지만 나와 같은 민족, 같은 나라의 사람이 한 것이기에 그가 얻어낸 혜택은 곧 나의 것이 된다. 가짜 정당화에 불과하지만 지금의 위치에서 내려가지 않을 방법은 이것뿐인 것이다.

그러한 상황에서 2015년 시리아 난민 3세 남자아이가 보트를 타고 유럽으로 넘어오던 중 보트가 침몰되어 터키 해변가에서 죽은 채 발견되는 일이 있었다. 이 소식은 인터넷을 통해 순식간에 퍼졌고 전 세계는 충격에 빠졌다.

그런데 과연 이러한 일이 그때 처음, 단 한 번만 일어났을까? 지금 이 시간에도 이러한 일은 끊임없이 벌어지고 있다. 다만 눈에 보이지 않기에 모르고 넘어갈 뿐이다.

또한 당시 남자아이는 우리와 전혀 상관없어 보이는 생김새가 아니었다. 이때부터 우리의 거울 뉴런mirror neurons은 활성화된다. 나의 일처럼 공감하고 분노를 느끼는 것이다. 원래 인간이란 눈에 보이는 것에만, 또 나의 이야기라고 여겨질 때만 관심을 두기 마련이다. 덕분에 난민 문제가 유럽의 큰 사회적 이슈로 떠오르게 된다.

이후로 유럽에서는 난민을 수용하자는 쪽으로 여론이 형성되고 정책 또한 친화적인 노선으로 변경된다. 그렇게 독일은 총리 앙겔라 메르켈Angela Merkel의 난민 수용 선언으로 거의 한 달 만에 100만 명의 난민을 수용한다. 부작용도 잇따를 수밖에 없었다. 독일 인구 8000만 명 대비 100만 명은 그다지 높은 비율은 아니었지만, 그들의 개별적 특성은 간과한 것이 문제였다.

물론 메르켈의 정책은 도덕적으로 합리적인 선택이기는 했다. 그러나 메르켈의 개인적인 특징으로 봤을 때 물리학자인 그

너는 이성적이고 수학적인 판단을 더 앞세우지 않았나 싶다. 오히려 그녀가 심리학자였다면 이러한 결정을 하지 않았을지도 모를 일이다. 그녀의 기대와 달리 난민들은 비이성적으로 행동하기 시작했다.

난민의 경우 이동하는 과정에서 어린아이와 여자는 죽는 경우가 많다. 그러니 결국 수용되는 난민의 과반수는 젊은 남자들이다. 그러면 이처럼 가난하고 억압된 세상에 살던 사람들이 갑자기 독일과 같이 개방된 사회에 들어올 경우 어떠한 일이 발생할까?

2015년에서 2016년으로 넘어가는 새해 첫 날, 독일 쾰른 성당 광장에서 신년 행사를 즐기러 나온 행인들을 대상으로 중동과 북아프리카 출신의 난민들 1000여 명이 성폭력, 강도, 절도, 폭행 등을 저지른 사건이 발생했다. 경찰도 아무 손을 쓰지 못한 집단적인 범죄에 피해를 입은 것은 대다수 여성이었다. 그런데 문제는 이 뉴스가 한동안 독일 언론에서 보도되지 않았다는 점이다. 나치라는 역사적인 이유로 인종 차별에 민감한 독일에서는 이를 오히려 쉬쉬했다.

그러나 인터넷을 통해 소식은 퍼져나갔고 곧 난민과 언론 및 정치인들에 대한 규탄의 목소리가 커졌다. 세계화 덕에 혜택을 보는 것은 소수 지도층뿐이고 그 피해는 오로지 서민들의 몫이라는 분노가 들끓었다. 이에 따라 유럽에서는 강간rape과 난민refugee을 합성한 강간민rapefugee이라는 신조어가 등장하기도 했다.

자유를 파괴하는 정체성 정치

정체성이란 무엇일까? 한국인, 백인, 여자, 남자, 보수, 진보….
우리 모두 다양한 정체성을 가지고 있다. '나는 다른 사람과 다
르고 우리는 다른 민족과는 다르다'는 믿음은 아마도 인류 공통
적일 것이다.

신프로이트주의 이론가인 미국 심리학자 에릭 홈부르거 에
릭슨Erik Homburger Erikson은 정신분석학적 해석을 통해 '정체성 위기
identity crisis'라는 개념을 도입했다. 덴마크 남자와의 불륜을 통해
독일에서 태어나 금발에 파란 눈을 가진 그가 유대인 어머니 가
족에서 자라며 느꼈을 정체성 혼란은 짐작할 만하다.

프랑스 철학자 시몬 드 보부아르Simone de Beauvoir는 인간의 정체
성은 '경험한 삶'을 통해서만 성립된다고 믿었다. 부유한 백인
남자가 아무리 노력해봐야 가난한 흑인을 이해할 수 없듯, '여
성'이라는 정체성은 여성으로서의 불이익과 차별을 직접 경험
해야만 가능하다는 말이다. 여성 정체성은 유대계 독일 철학자
발터 벤야민Walter Benjamin이 구별한 단순히 외향적이고 무의미한
'체험erlebnis'이 아닌 내면적 변화를 가능하게 하는 '경험erfahrung'을
통해서만 얻을 수 있다는 것이다.

보부아르의 정체성 이론은 1970년도부터 새로운 '정체성
정치'의 계기가 된다. 이러한 정체주의identitarian 사상을 기반으로
여성, 장애인, 동성연애자, 트랜스 젠더, 외국인, 노인 등 불평등
의 대상이던 사회 '약자'들은 이제 자신들만의 정체성을 주장하

는 권리를 요구했다. 물론 대부분 자유민주주의 사회 발전을 위해 정당한 요구들이었다.

그런데 최근 흥미로운 일들이 벌어지기 시작했다. 본래 진보적인 사상이었던 정체성 운동을 통해 사회 '강자'들 역시 자신들의 정체성 권리를 요구하기 시작한 것이다. 프랑스의 극우 청년 단체 '세대 정체성Generation Identitaire'을 비롯해 독일에서도 난민 반대 운동이 벌어지고 있다. 그리고 난민 혐오로 시작한 유럽의 포퓰리즘은 이제는 중산층으로 퍼져 '백인 정체성' 운동이 되었다. 우리나라 또한 난민 수용을 두고는 입장이 첨예한데, 난민이 유입될 경우 직접적으로 영향을 받는 것은 소수 지도층이 아니라 대부분의 중산층이기 때문이다.

그리고 이제 '미투' 운동은 거꾸로 여성 혐오주의와 '남성 정체성' 운동의 계기가 되고 있다. 세계 피라미드에서는 백인 여성 또한 백인 남성을 위협하는 존재이기 때문이다. 따라서 '백인 정체성' 운동이 된 유럽의 포퓰리즘은 논리적으로 여성 혐오주의로 갈 수밖에 없다. '백인 정체성'의 '백인'이란 '남성'에 국한되기 때문이다.

그리고 이러한 '남성 정체성' 정치는 이미 실제로 벌어지고 있다. 필리핀 대통령 로드리고 두테르테Rodrigo Duterte는 대선을 한 달 앞두고 과거 시장으로 있었던 다바오에서의 교도소 폭동 사건 때 성폭행 후 살해당한 호주 선교사를 두고 본인이 먼저 해야 했다는 막말을 했지만 대통령에 당선되었다.

프랑스 극우 청년 단체의 난민 반대 운동

반난민 정책을 펼치고 있는 이탈리아의 부총리 및 내무부 장관 마테오 살비니Matteo Salvini도 국회의장 및 유엔난민기구UN-HCR 대표였던 로라 볼드리니Laura Boldrini를 표적으로 삼아 성적인 표현을 했지만 크게 문제되지 않았다. 브라질 대통령 보우소나루도 마리아 두 로사리오Maria do Rosario 하원의원에게 못생겨서 강간할 가치도 없다는 말을 하고도 대통령으로 잘 지내고 있다.

이제 자유민주주의는 모든 사회 구성원이 개개인의 정체성과 특별함을 주장하는 극단적 '정체성 정치'가 되어버린 것이다.

로마에서 찾은 21세기의 해답

진실의 정의가 달라졌다. 과거에는 진실이 사실이었다면 이제는 누구든 진정하게만 주장하면 그것이 곧 진실이 된다. 과다한 정보로 무엇이 진짜 뉴스인지 구별되지 않는 세상에서는 거짓이라도 진정하게 주장하는 사람의 말이 진실이 된다.

이러한 극단적인 상황이 어디까지 갈까? 〈시녀 이야기The Handmaid's Tale〉는 캐나다 작가 마거릿 엘리너 애트우드Margaret Eleanor Atwood의 동명 소설을 원작으로 하는 미국 드라마다. 여기에서 그리고 있는 미국의 미래는 포퓰리스트 극단 우파 종교당이 정권을 잡은 극심한 여성 혐오 독재 사회다.

이들은 여성이 직업을 갖는 것, 외출하는 것 등을 금지하는 법을 만들어 여성을 통제하고 결국에는 남성에게 복종하도록 억압한다. 문제는 변화가 너무 조금씩 일어나기에 당시에는 잘 느끼지 못한다는 것이다. 그러다 30년 뒤에는 완전히 다른 세상이 펼쳐지게 된다.

이를 보고 미국처럼 자유롭고 평등한 나라에서는 절대 벌어질 수 없는 일이라고 생각하겠지만 결코 그렇지 않다. 1970년도만 하더라도 아프가니스탄의 수도 카불은 중동의 파리라고 불리며, 여성들은 미니스커트를 입고 대학 교육을 받았다. 그러나 현재 아프가니스탄에서는 불과 몇 십 년 만에 자유와 평등의 흔적이 사라졌다.

우리에게는 사회는 언제나 발전한다는 순진한 믿음이 있다. 1~3차 산업혁명을 경험하고 4차 산업혁명 시대를 맞이한 우리에게는 당연해 보이는 이야기이기도 하다. 그러나 찬란했던 로마 제국도 멸망했고 이후 유럽은 1000년 동안 중세기를 살았다. 암흑의 시대가 우리에게만 일어나지 말라는 법은 없다. 사회 발전은 결코 당연하지 않다. 발전을 위해 싸우고 노력하지 않으면 역행의 가능성은 언제든 열려 있다.

카틸리나의 음모와 키케로의 연설. 적어도 로마 공화국에서는 자신의 독립적인 정체성을 바탕으로 의견을 자유롭게 제시할 수 있었다. 그러나 이후 로마는 제국이 되어 그들 스스로 황제를 만들었다. 그리고 디오클레티아누스에 이르러 황제는 곧 신이 되었다.

오늘날의 전 세계의 움직임은 멸망한 제국의 역사를 좇고

아프가니스탄 여성 인권의 과거와 현재

있는 듯하다. 역사를 모르면 역사를 반복할 수밖에 없다. 물론 역사를 알아도 반복되는 역사를 모두 바꿀 수는 없다. 그러나 역사를 아는 사람이 많아지면 많아질수록 같은 실수를 반복하는 인간의 어리석음을 조금은 줄일 수 있을 것이다.

로마 제국은 사라졌고, 황제도 세나투스도 더 이상 존재하지 않는다. 하지만 로마 제국은 우리에게 두 가지 숙제를 남겨줬다. 모든 민족과 국가를 하나로 묶을 수 있는 영원한 제국은 가능할까? 그리고 영원할 것만 같았던 로마 제국도 사라졌다면, 역시 변함없이 발전하고 영원할 것만 같은 우리들의 세상 역시 언젠가 사라지지 않을까? 인류 역사상 가장 높은 수준의 기술과 부를 누리기에 '영원한'이라는 단어를 서슴없이 사용하는, 휴브리스로 가득한 21세기의 우리가 로마를 이해해야 하는 이유다.

역사를 모르면 역사를 반복할 수밖에 없다.
그러나 역사를 아는 사람이 많아지면 많아질수록
같은 실수를 반복하는 인간의 어리석음을
조금은 줄일 수 있을 것이다.

이 책에 사용된 저작물 중 일부는 저작권자를 확인할 수 없어 정식 협의 절차를 진행하지 못했습니다.
추후라도 연락 주시면 저작권 협의 후 합당한 조치를 취하겠습니다.

KI신서 8180

그들은 어떻게 세상의 중심이 되었는가

1판 1쇄 인쇄 2019년 5월 24일
1판 4쇄 발행 2023년 5월 1일

지은이 김대식
펴낸이 김영곤
펴낸곳 ㈜북이십일 21세기북스

인생명강팀장 윤서진 **인생명강팀** 최은아 강혜지 황보주향 심세미
디자인 this-cover.com
출판마케팅영업본부장 민안기
마케팅2팀 나은경 정유진 박보미 백다희
출판영업팀 최명열 김다운
제작팀 이영민 권경민

출판등록 2000년 5월 6일 제406-2003-061호
주소 (10881)경기도 파주시 회동길 201(문발동)
대표전화 031-955-2100 **팩스** 031-955-2151 **이메일** book21@book21.co.kr

(주)북이십일 경계를 허무는 콘텐츠 리더

21세기북스 채널에서 도서 정보와 다양한 영상자료, 이벤트를 만나세요!
장강명, 요조가 진행하는 팟캐스트 말랑한 책 수다 <책, 이게 뭐라고>
페이스북 facebook.com/jiinpill21   포스트 post.naver.com/21c_editors
인스타그램 instagram.com/jiinpill21   홈페이지 www.book21.com
유튜브 youtube.com/book21pub
서울대 가지 않아도 들을 수 있는 명강의! <서가명강>
네이버 오디오클립, 팟빵, 팟캐스트에서 '서가명강'을 검색해보세요!

ⓒ 김대식, 2019

ISBN 978-89-509-8137-2 03100